고조선 문자

허대동 지음 이민화 감수 조홍근 검증

고조선 문자

ⓒ 허대동, 2011

1판 1쇄 발행__2011년 04월 30일
1판 5쇄 발행__2017년 04월 30일

지은이__허대동
펴낸이__양정섭
펴낸곳__도서출판 경진
   등록__제2010-000004호
   블로그__http://kyungjinmunhwa.tistory.com
   이메일__mykorea01@naver.com

공급처__(주)글로벌콘텐츠출판그룹
   대표__홍정표
   편집디자인__김미미 **기획·마케팅**__노경민 이종훈
   주소__서울특별시 강동구 천중로 196 정일빌딩 401호
   전화__02) 488-3280 **팩스**__02) 488-3281
   홈페이지__http://www.gcbook.co.kr

값 14,500원
ISBN 978-89-5996-108-5 93710

※ 이 책은 본사와 저자의 허락 없이는 내용의 일부 또는 전체를 무단 전재나 복제, 광전자 매체 수록 등을 금합니다.
※ 잘못된 책은 구입처에서 바꾸어 드립니다.

본 글에 들어가기 전에

　지금까지 명도전은 국사 책에서 연나라 화폐라고 배우고, 그 화폐의 앞면만 주로 보여줍니다. 그런데 뒷면에 무수히 많은 문자들이 나열되어 있는데, 그 문자들이 일제시대에 중국 문자라고 규정되고 현재까지도『선진화폐문자편先秦貨幣文字編』에 중국의 연나라 문자라고 실려 있습니다. 이를 교과부 성삼제 님께서『고조선 사라진 역사』를 통해 기존 국사에 실린 고조선 영토와 명도전 국적이 의심된다고 했기에 연구를 해보니 이 문자는 단군조선의 문자였고, 아울러『한단고기』의 가림토 문자이기도 했습니다.
　이 가림토 문제는 역사와 국어 학계에서 위서 논쟁이 가장 첨예한 부분입니다. 지금까지는 가림토를 직접 증명할 문자가 없어 위서의 주된 증거 자료가 되었습니다.
　그러면 왜 소위 명도전 위의 문자가 단군조선의 문자인가에 대해 하나하나 살펴보겠습니다.

　첫째, 문자의 모양새가 상형한자가 아니라 한글 자모이다. 한자 공부 조금이라도 한 학자들은 연燕문자를 상당히 읽을 수 있지만, 명도전 위의 문자는 모든 한자 학자들은 읽을 수 없다.『전국고문자전戰國古文字典』에 "a-齊, b-燕, c-晉, d-楚, e-秦"라고 해서 전국 문자들이 조사되어 있는데, 연(b-燕)문자의 적은 획수와 많은 획수의 모든 연燕문자를 살펴보아도 아주 극소수 간단한 문자만 우연히 명도전 문자와 일치할 뿐, 대다수 문자들은 연문자로서 확인할 수 없다.
　둘째, 문자의 해석을 자세히 살펴보면, 중국학자들의 해석은 견강

부회牽強附會식 해석이고, 그 마저도 해석이 안 되는 문자가 상당수이다. 그런데 상형한글의 해석 원리를 적용하면, 아주 고난이도의 문자를 제외하고는 해석이 된다. 상형한글을 읽은 원리로 현재까지 300여 단어를 완전히 해석하고 100~200여 단어는 애매한 해석이지만 해석을 할 수 있었다.

셋째, 이 문자들의 예는 『훈민정음해례본訓民正音解例本』에 거의 다 제시되어 있다. 예로 현재 한국어로 이해할 수 없는 표현들이 『훈민정음해례본』에 실려 있다. 병아리는 '비육', 수달은 '러울', '우케'라는 '미용도未舂稻(찧기 위해 말리는 벼)', '이아'라는 '잉아(종사綜絲: 베틀의 날실을 끌어 올리도록 맨 굵은 줄)' 등 『훈민정음해례본』을 통해서 해석할 수 있었다. 이는 세종과 집현전 학자들이 이 문자를 보고 해석했다는 증거가 되기도 한다.

넷째, 상형한자와 한글의 분명한 차이는 규칙성에 있다. 물론 한자의 부수도 결합성의 규칙성이 있지만, 한글 자모는 [ㄱ] 음가에 ㄱ 모양새가, [ㄷ] 음가에 ㄷ 모양새가, [ㅅ] 음가에 ㅅ 모양새가 대응한다.

  1) 단군조선 문자도 [ㄱ] 음가에 '갓, 가치(까치), 그력(기러기), 그림, 까마괴(까마귀), 갈매기, 글, 갈(칼), 갈(갈대), 가물, 그(인칭대명사), 그녀(인칭대명사), 그네, 거위, 가람(강), 구리' 등이 'ㄱ'과 'Γ' 모양새로 대응한다.
  2) 단군조선 문자도 [ㄷ] 음가에 '달, 뜰, 탈, 떡, 돼지, 독(옹기), 돌, 돈, 담, 땅, 둘, 다리' 등이 'ㄷ'과 'C'로 대응한다.
  3) 단군조선 문자도 [ㅅ] 음가에 '셤(섬), 사람, 사슴, 셋, 샘, 솔' 등이 'ㅅ'에 대응한다.
  4) 단군조선 문자도 [ㅎ] 음가에 '해, 호미, 흙, 황소, 활, 화살' 등이 'ㅎ'에 대응한다.
  5) 단군조선 문자도 [ㅁ] 음가에 '못(연못), 못(釘), 몸, 머리, 물, 물결, 말' 등이 'Ɣ'에 대응한다.

다섯째, 한국어에 보이는 주격 조사, 목적격 조사, 처소격 조사로 보이는 문자가 있다.

여섯째, 한국어에만 있는 존칭의 표현이 보인다.

일곱째, 문자들 중에 현 한글과 거의 완전한 문자들도 있다. '소, 공, 흙, 구리, 둘, 그' 이런 문자는 거의 완전히 단군조선 문자와 일치한다.

여덟째, 명도전 이전의 침수도針首刀, 첨수도尖首刀에 새겨진 문자들도 완전한 형태의 소리문자 표기이며 일부 상형 형태가 있어 명도전 이전의 문자로서 중국의 상당수 학자들이 중국 이외의 국가―북융北戎, 흉노匈奴―에서 발행한 것으로 보고 있다. 이는 고조선이란 나라를 거명하기 싫은 표현일 뿐이다.

이렇게 명도전 위의 문자는 한자 계통의 연나라 문자가 아니라 단군조선의 한글 자모인데, 이는 세종께서 "훈민정음은 새로 만든 신제新制이다"라고 했고, 정인지, 성삼문과 신숙주 등 학자들이 "자방고전字倣古篆"이라 해서 『훈민정음해례본』(이하 『훈민정음』으로 줄임)이 고전古篆의 모방이라 했고, 한치윤이 기자조선에 "자모전子母錢이란 화폐가 있었다"라는 기록으로 보아, 명도전은 고조선 화폐라고 보며, 그 위의 문자는 단군조선 문자가 되는 것입니다.

그래서 명도전明刀錢의 이름은 조선전朝鮮錢 혹은 태양전太陽錢으로 고쳐야 하며, 이는 고조선의 화폐와 문자입니다.

고마운 인사를 올립니다.

단군조선 시대부터 가림토 문자를 사용하고, 이를 남겨주신 고조선 조부모님들께, 이를 확인하시고 해석해주신 세종대왕과 정인지, 성삼문, 신숙주 조부님을 비롯한 집현전 조부님들에게, 『해동역사』에 자모전의 존재를 기록해 주신 한치윤 조부님께, 책이 나오기까지 감수와 지원을 해 주신 유라시안 네트워크 이민화 이사장님께, 중국학자이지만 학자적 양심으로 명도전이 조선의 화폐라 주장하신 장박천

님께, 논문으로 이를 적으신 박선미 님에게, 명도전 자료를 모으시고 출처를 설명해주신 다음 블로그 'civil' 님에게, 명도전 해석 시 중간 중간 관심과 격려를 보내주신 다음 블로그 '아이수' 황태욱 님에게, 민족 역사적 입장에서 강단과 재야에서 역사를 강의해주신 분들에게, 특히 야후블로그 '천산' 조흥근 님의 검증과 확인 과정은 무엇보다 소중했습니다. 최근에 합류해 주신 한글학자 '신민수' 님에게도 고마운 인사를 전하며, 신민수 님의 학문적 견해를 말미에 조금 첨부합니다. 블로그 친구 이웃에게도 고마움을 전합니다. 아울러 최근 트위터와 페이스북 역사당의 모든 친구 분들에게도 고마운 인사를 드립니다. 최근에 『고대에도 한류가 있었다』 필자이신 안동대 임재해 교수님의 제 연구 동의에 고마운 인사를 올립니다. 불교 경전에 한글을 계승 보존해주신 불교계에도 고마운 인사를 올립니다.

그 외 최초의 학문 인정에 도움을 주신 분들입니다.

전 영산대 정천구 총장님(현 트위터 금강경 당주), 역사당의 황천풍 당주님, 소설가 신용우 님, 한남대 강신철 교수님, 고조선 문자에 관심을 가져 주신 박현철 선생님(한글 프로그램 개척), DenisK 가정의학과 원장님, 성균관대 김태동 교수님, 경희대 이인희 교수님, 김종희 선생님, 역사와민족연구소의 추장 김성태 소장님, 최용상 선생님, 수원 김홍범 선생님, 최정봉崔呈鵬 선생님, 임영택 교감선생님, 시인 beturn 님, 신중현 선생님, 원광대 김종인 교수님, 함덕수 님, 이장우 박사님, 타이거픽쳐스 조철현 대표이사님, 정동호 박사님, 글그림 작가이신 거람 김반석 선생님, 소설가 임안수 님, 국경일에 태극기몹을 진행하고 사이버 의병 회원이신 조용환 님, 박승구 님, 김준홍 선생님, 이성일 선생님, 한국농촌경제연구원 김용렬 박사님, 이계안 이사장님, 전부 권영훈 선생님, 박상현 선생님, 한류열풍사랑 운영자 오경환 님, 대통한의원 박종웅 원장님, 기업가정신 세계일주 송정현 님, 李千 윤석환 교수님(한국건축역사학회 이사), 난꽃21 난육종연구소 김동용 선생님, 조경태 국회의원님, 최문순 전 국회의원님, 안상현 선생님.

제 고조선 문자 연구 인정에 존함을 올려 주셨기에 매우 고맙습니다.

늘 책 읽기를 좋아하셨던 아버지, 자애로운 어머니, 가까이에서 늘 마음 편이 해주면서 해독이 어려워 힘들어 할 때도 옆에서 해석 내용 말 상대하며 같이 해준 아내와 딸들에게도 고마움을 전합니다. 끝으로 이 책이 나오기까지 애써주신 도서출판 경진의 양정섭 사장님, (주)글로벌콘텐츠출판그룹의 홍정표 사장님과 편집부 직원 분들에게도 고마운 인사를 올립니다.

2011년 3월
저자 씀

감수의 말

(사)유라시안 네트워크 이사장 겸 카이스트 교수
이민화

　허대동 선생의 『고조선 문자』와의 인연은 트위터이고, 기업 호민관실에서 소규모 발표회가 있었습니다. 이때 명도전 문자가 연나라 한자가 아님을 알게 되었고, 연나라 한자가 아니라면 고조선 문자일수밖에 없습니다. 그 후 이 연구 과제는 본인이 추구하는 유라시안 네트워크인문학의 중요한 연구과제로 평가를 하였고 선정을 하기도 하였습니다.
　역사의 문명은 단절과 차단이 아니라 끝임 없이 교류하여 성장 변화 발전한 것입니다. 대표적으로 실크로드이지요. 이 실크로드의 주인이고 영웅은 몽골리안이었습니다. 본인의 스마트코리아로 가는 길 유라시안네트워크에서도 이 점을 강조했습니다만, 여기에 우리 민족은 스마트 폰과 결합해서 진취적이고 부강한 국가를 만들 수 있는 시대적 환경을 부여 받게 될 것입니다. 이런 좋은 입지에서도 과거 역사의 흔적이 분명하지 않는다면 결코 성공할 수 없다는 것이 제 견해이고, 그래서 허대동 선생의 고조선 문자 연구는 선조들의 문자와 문화의 희미한 흔적을 분명한 글씨체로 바꾼 특별한 업적이라 봅니다.
　최근에 중원 황하문명보다 이른 시기의 홍산 문화, 지역 이름으로 요하 문명이 발견되어 중국에서는 자기들 한족의 선조 문명이라고 하지만, 그 문명의 주인공이 한민족일 가능성이 매우 높다고 봅니다.

치를 갖춘 석성, 비파형 청동검이 외부 세력과의 투쟁의 대표적인 우리 선조의 모습이라면, 고조선에서 나온 화폐는 경제 활동을 전제로 한 교류의 대표적인 모습이라 봅니다.

이제 인문학에 한국의 미래를 비추어 보아야 할 시점에 고조선 문자라는 독보적 연구 자료는 제가 추구하는 유라시안 교류의 중요한 증거자료로서 가치가 있다고 봅니다. 예로부터 모든 문물은 동방에서 왔다고 했지만 그 실체를 정확히 확인한 경우는 드뭅니다. 그런데 지금까지 연나라 화폐이고 연나라 문자라고 여겼던 명도전 위에 고조선의 문자가 숨어 있다는 것은 놀라운 사실이며 이를 해석했다는 점도 높은 업적입니다.

전체 글 흐름에도 제가 감수를 했습니다만, 초기 도입 단계에 수사를 하듯이 하여 흥미롭게 스토리텔링을 해보기도 했습니다.

명도전을 통한 고 문자 연구는 한글 연구의 새로운 지평을 열어주었습니다. 나폴레옹의 이집트 원정 시 발견한 로제타 스톤 Rosetta Stone 을 해독한 샹폴리옹의 이집트 고문자 연구 못지않은 역사적인 업적이라고 보고 있습니다. 이제 학계의 대대적인 참여를 통한 연구의 확대를 기대해 봅니다.

독자 여러분들은 세종 이전의 한글 형태도 이 책에서 살펴 볼 수 있고 글인지 그림인지 모를 중간쯤의 표현 양식도 살펴 볼 수 있습니다. 아울러 최근에 더 깊은 연구를 통해서 명도전에서 우리 한자음을 표현한 문자도 찾아내었고, 명도전 이전의 첨수도尖首刀와 침수도针首刀 문자 해석도 거의 다 했다 하니 고 한글 문자 연구의 새로운 화두에 많은 학자들의 비평적 동참을 기대합니다.

먼저 읽은 이들의 말

고조선 문자를 집대성한 이 서적은 역사적으로 큰 의미를 지니고 있으며, 현세의 후손들에게 조상의 얼을 탐험할 수 있고, 미래의 후배들에게 무한한 가치를 지닌 서책이다.

― 원광대 김종인 교수

단군조선에서 주조 발행되어 유통된 명도전에 새겨진 글자는, 단군조선의 가림토가 원래 상형문자에서 나온 소리글자임을 나타내 주는 동시에 한글의 원형임을 알려주고, 단군조선 시대의 문자 체계와 언어, 문화 등을 알 수 있게 하는 너무나 중요한 역사자료이다.

― 트위터 역사당 부당주, 조홍근 법무사

현재의 대한민국은 외래 정신과 문화, 그리고 외래어에 파묻혀서 제 정신을 못 차리는 시대에 살고 있다. 작금의 이런 세태에 경종을 울려주는 책 『고조선 문자』가 발간됨으로써, 전 세계에 한민족의 위대한 역사와 문화를 알리는 계기가 되었으면 한다. 또한 아직까지도 소중화사상과 일제 황국사관, 식민사학 등에 찌든 학자들도 이를 계기로 조속히 깨어나기를 바라는 바이다.

― 트위터·페이스북 역사당 당주, 천풍(天風) 황형호

명도전에 새겨진 문자가 연나라 문자가 아니라 단군조선에서 쓰던 가림토 문자임을 증명함으로써 우리 한글의 뿌리가 우리 민족의 역사만큼이나 길게 뻗어 있음을 밝힌 허대동 선생의 연구는 한민족의 문화적 자긍심을 한 단계 끌어올렸다.

― 한남대 강신철 교수

허대동 선생이 고조선 문자를 연구한다는 소리를 듣고 그 용기에 존경심이 우러나왔다. 아무도 관심 갖지 않는 곳에 관심을 둔다는 것은 하고자 하는 일이 옳은 일이라면 진정 용기 있는 학자라는 생각이 든다. 고조선 문자하면 우선 생각나는 것은, 훗날 한글로 재정비된, 3세 단군 가륵 때 만들어진 가림토 문자가 우선인데 선생의 연구는 그것을 훨씬 넘어서 더 경이롭다. 부디 선생의 연구가 우리나라 고대사를 바로잡고 잃어버린 요동을 수복하는데 보탬이 되는 지속적인 것이 될 수 있도록 많은 분들이 관심을 가져주시기를 바랄 뿐이다.

― 소설가 신용우

고조선 문자는 새로운 형식으로 만드는 영화 기법과 같은 학문이다. 앞으로 고조선 시대 역사 영화에도 반영할 수 있는 귀중한 연구 자료라고 본다. 단어들을 연결한 고조선 문장 탄생도 기대할 수 있기에 특별한 작업이라 생각한다.

― 타이거픽쳐스 대표이사 조철현

차 례

본 글에 들어가기 전에 ___ 3
감수의 말 ___ 8
먼저 읽은 이들의 말 ___ 10

1부 고조선 문자 자료 수사

1장 〉〉〉 고조선 문자 수사 배경 ___ 16
2장 〉〉〉 고조선 문자 수사 가설 ___ 20
3장 〉〉〉 장박천 논문 분석 ___ 33
4장 〉〉〉 우리 기록 분석 ___ 40

2부 고조선 문자 초기 해석

5장 〉〉〉 초기 해석과 첨수도 ___ 44
6장 〉〉〉 상형한글에 접근 ___ 54
7장 〉〉〉 가림토 자모음전 ___ 64

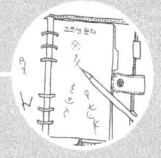

3부 고조선 문자 상세 해석

8장 〉〉〉 고조선 문자 해석 기준 ____ 84
9장 〉〉〉 고조선 문자 구체적 해석 ____ 94
10장 〉〉〉 수사 최종 보고서 ____ 255

고조선 문자 목록 ____ 297
참고문헌 ____ 301

일러두기

1. 이 해석에 사용된 원 자료는 daum 'civil' 님 블로그 공개 자료와 『선진화폐문자편(先秦貨幣文字編)』(吳良寶, 福建人民出版社, 2006)에서 참고하였으며, 특별한 표시가 없는 한 이 두 자료를 기본 자료로 사용하였음을 나타낸다.

2. 사진 자료는 중국 블로그 〈고천원지(古泉園地, http://www.chcoin.com)〉에서 가져왔다.

3. 국어사전은 민중국어사전이다.

4. 옛말의 출처는 daum 국어사전에 수록된 책에서 나온 것이다.

5. 다른 책에서 인용한 문장은 원 자료의 부호를 그대로 사용하였다.

6. 고조선 문자 목록 표시에는 현대 한글 표현으로 하였다.

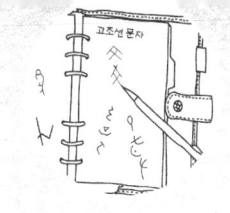

1부 고조선 문자 자료 수사

1장... 고조선 문자 수사 배경

제일 먼저 왜 제가 이 문자를 연구하고 수사하게 되었나 그 배경을 잠시 소개해 드립니다.

학교에서 계발활동(이전에 CA) 시간에 무엇을 할 것인가 고민하다가, 인터넷에서 문자 공부와 한글 발음으로 전 세계 언어를 표기한다는 연구를 하고 있었기에 '세계 정음'이라는 클럽 활동을 하게 되었습니다. 특히 상고사 부분 역사책 읽기를 좋아하던 저는 그 즈음에 『고조선 사라진 역사』를 읽게 되었고, 그 책에서 성삼제 님께서 명도전의 국적 문제 제기[1]를 하셨습니다. 이 글귀를 읽고 문자 해석을 해보아야겠다고 생각했습니다. 처음에는 이토록 인류 역사상 큰 문화적 대사건이 될 '단군조선 상형 한글'이 발견하리라 생각 못 했습니다.

이 문자 해석을 잘 이해하기 위해 저와 여러분에게 적합한 직업을 설정해보았습니다. 문자 국적 수사관이란 직업입니다. 이제 저는 문자 국적 수사관이 되어 명도전이 고조선의 것인가 아니면 기존의 역사대로 연燕의 화폐인지 철저하게 수사해 나가겠습니다. 여러분도 문자

---

1) 성삼제, 「명도전은 고조선 화폐가 아닐까」, 『고조선 사라진 역사』, 동아일보사, 2005, 137~158쪽.

국적 수사관이 되어 저와 함께 그 실체를 추적해보겠습니다.

먼저 명도전 모습을 볼까요?

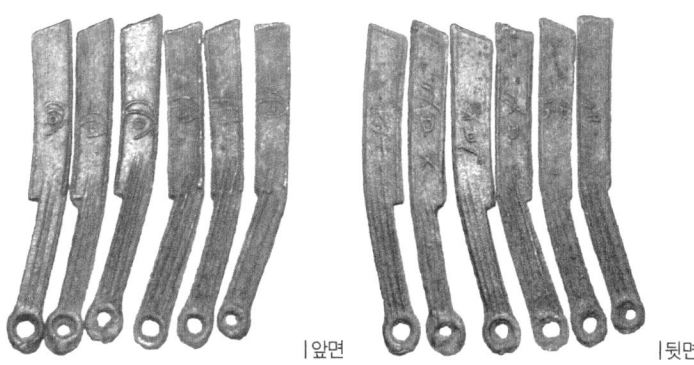

|앞면 |뒷면

다음 크기를 확인해보겠습니다.

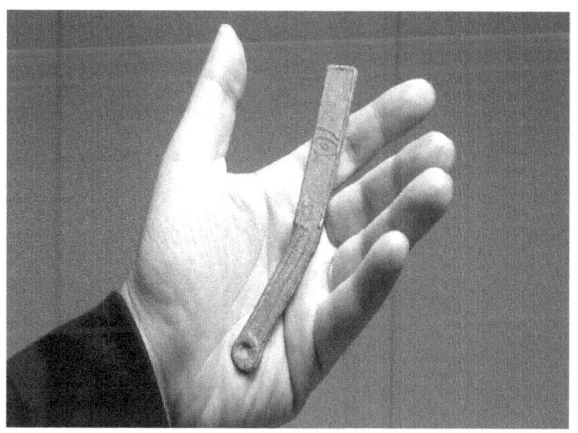

|실물 확인

크기 중 길이는 13cm로 손 안에 들어갈 정도입니다. 넓이는 1.5cm 입니다. 재질은 청동인데, 굉장히 얇아 찢어질 정도이고, 무게는 11~12g입니다.

|항아리에 담긴 명도전

다음 명도전 문자 자료를 찾아 모아야겠지요. 그런데 처음에는 자료를 찾을 길이 없어 『고조선 사라진 역사』(147쪽)에 실린 2개의 문자를 우선 수사했습니다.

처음에는 누구나 그렇게 생각하듯이 문자가 단순한 화폐의 숫자 표시라 생각하고 접근했습니다. 제 블로그에 그 수사를 기록해 나갔으므로 날짜가 정확히 남아 있습니다(2008년 2월 4일).

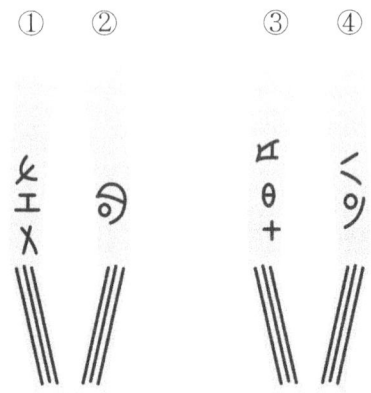

여러분들은 위 수수께끼 문자를 어떻게 생각하십니까? 저는 본격 수사에 앞서 위 문자를 다음과 같이 수사 기록지에 적어 나갔습니다.

① 왼쪽 문자는 ㅌ에 중간선이 왼쪽으로 더 나감, 영어 I, X
② 동그라미 → 해인 듯, 위에 달, 그리고 둥근 선
③ ㅁ, θ, + → 모두 알파벳 일종임
④ 수평선과 사선, 동그라미 ○ 큰 것, 둥근 반원 선

위아래 문자가 붙어 있는지는 잘 모르겠음.
①과 ③: 화폐의 가격
②와 ④: 출처(국가나 지역)

①과 ③: 모두 알파벳임, 특히 E, 영어 I, X, θ는 그리스어 알파벳임. 지금 영어 알파벳이기도 함. 연나라에서 알파벳을 사용했다는 얘기는 없음.

여기까지 첫 수사 기록 메모인데, "수사 대상 문자들은 알파벳이고 연나라에서 알파벳을 사용했다는 얘기는 없었다"라고 정확히 예측하고 있습니다. 그러나 그렇게 단순한 해석이 아니었습니다. 만약 쉬웠다면, 중국학자들이나 일부 한국학자들이 이 문자의 뜻을 풀었겠지요. 나중에 여러분이 확인하시겠지만, 여기에는 문자의 엄청난 비밀을 푸는 열쇠가 숨겨져 있습니다. 당장 여러분에게 그 의미를 해석한 문자를 보여드리기보다는 그 해석 과정을 보여드리는 것이 더 신뢰성을 높이고 흥미로울 것 같습니다.

2개의 문자의 초기 수사 후 과학이나 수학 난제를 풀듯이 저는 가설을 설정했습니다. 이제부터 가설을 토대로 하나씩 하나씩 수사 단계를 밟아 나가겠습니다.

2장... 고조선 문자 수사 가설

1. 명도전 문자가설을 설정하다

문자 부분인 ①과 ③을 먼저 본격적으로 수사합니다.
①부터 보겠습니다. 만약 이 문자가 은나라에 출발한 연燕의 상형문자가 아니라 고조선 알파벳이라면,

① 왼쪽 문자는 ㅌ에 중간선이 왼쪽으로 더 나감, 영어 I, X

ㅌ는 한국어에서 [ㅌ] 소리이지만, 아시아 소리문자의 원형인 브라미 문자에서 [ㅈ, j] 소리이며, 영어는 물론 모음 [e], 여기서는 초성이므로 자음 [ㅈ]이 유력합니다.

영어 I는 브라미 문자에서 [ㄴ] 소리 중의 하나, 그러나 여기에서는 중성모음일 가능성이 높으므로 영어 소리 그대로 [이]로 봅니다.

영어 X는 [ㄱ, 스], 종성자음이므로 한국어 발음 [ㅅ], [ㅈ], [ㄷ], [ㅂ] 등을 포괄하는 발음입니다.

그래서 짓[jix]으로 소리 구성을 맞춰보면, 짓은 우리말 '도리 짓고 땡'에서 '짓'에 비교해볼 수 있는데, 십$_{10}$이나 구$_9$와 관련되어 보입

니다. 혹은 영어 six[식스]로 구성하여 6이라 생각해볼 수 있습니다. 혹은 x를 아시아 소리문자처럼 [ㄹ]로 본다면, [질] 혹은 [칠], 즉 숫자 7로 봅니다.

가설추정근거는 박대종이 우리 한자음에서 영·중·일어가 되었다고 보고 있습니다.1) 제가 생각하기에, 고조선의 문화·군사·경제적 역량이 서토중국보다 우위에 있었으므로, 그 한자음도 우리 고조선 소리가 한자음의 표준일 수 있다는 가설입니다.

다음 ③입니다.

③ ㅁ, θ, + → 모두 알파벳 일종임

ㅁ은 쉽습니다. 이집트는 [ㅍ, p], 브라미나 티벳은 [ㅂ, b], 한국어나 인도힌디어는 [ㅁ, m], 모두 입술소리(순음)지요.

θ는 그리스나 브라미 모두 자음으로 [스, th], 그러나 여기서는 모음이어야 하므로 이 모양에 가까운 입 모양은 둥근 입 안에 혀가 중간쯤에 있는 [에]나 [애] ─ 고대 아시아나 지금 아시아 소리에도 구별이 없습니다. ─ 로 볼 수 있습니다. 그래서 [애] 혹은 [오]일 수도 있습니다.

+은 브라미 문자에서 [ㅋ]입니다.

즉, 우리 한자음 100[백]이 나옵니다. 이 명도전 문자 외에 다른 명도전에도 이런 동일한 문자들이 계속 나열되어 있다면, 위 가설이 올바를 수 있습니다.

이제 가설의 범위를 앞의 두 문자를 넘어서서 포괄적으로 설정해보겠습니다.

---

1) 박대종, 『나는 언어정복의 사명을 띠고 이 땅에 태어났다』, 대종언어연구소, 1999.

2. 명도전 문자 포괄적인 가설을 설정하다

첫째, 이집트 문자도 처음에는 상형문자라고 생각했으나, 결국 알파벳 소리문자임이 판명됨으로써 해독되었습니다. 마찬가지로 명도전에 있는 문자 모양도 상형문자라기보다는 알파벳처럼 보입니다.

둘째, 왼쪽 편 문자(①, ③)가 다른 명도전에도 2, 3개 배열되어 있다면, 한국어 초·중성初中聲 혹은 초·중·종성初中終聲일 가능성이 높습니다.

셋째, 명도전의 다른 한쪽(②, ④)은 화폐 단위, 한쪽은 발행 지역(나라)일 것입니다.

넷째, 더 많은 문자들을 배열하여 보면, 그 공통분모가 나올 것입니다. 이 문자들을 아시아 소리문자의 원형인 브라미 문자와 비교하여 소리 배열해보면, 거의 정확한 소리 대응이 나올 것입니다. (소리 개수는 대략 자모음 합쳐 20~40개 사이에 있을 것입니다.)

다섯째, 상형문자라 해도 화폐에 사용된 문자는 화폐단위일 가능성이 많으므로 그 의미 해독은 어렵지 않을 것입니다. 왜냐하면 방대한 한자상형문자 해독이 아니라 화폐 단위를 나타내는 제한적인 의미일 것이기 때문입니다.

이번에는 문자가 혹시 숫자일 수도 있으니, 좁혀서 숫자일 것이라는 가설로 접근해보겠습니다.

3. 명도전 문자 숫자 가설: 숫자로 좁혀서 접근하다

화폐라면 당연히 숫자가 들어가야 하겠지요. 전 세계 숫자 표기를 살펴보겠습니다. 당연히 제일 먼저 잘 아시는 숫자는 한자입니다.

한자	一	二	三	四	五	六	七	八	九	十
로마 숫자	I	II	III	IV	V	VI	VII	VIII	IX	X
아라비아 숫자	1	2	3	4	5	6	7	8	9	10

『한단고기』[2])에는 산목算木이라는 우리 고유의 숫자 표식도 있습니다.

산목	ㅡ	ᅳ	≡	≣	l	T	ᅮ	ᅲ	큐

만약 지금 한자의 숫자 발음이 고조선 발음이라면, 티벳 숫자 발음도 우리 한자음일 겁니다. (중국음의 영향을 받았다 해도, 갑골문의 은나라도 동이족 계열이므로)

티벳 숫자	ο	)	૨	૩	੮	૫	৬	૭	८	૯
	0	1	2	3	4	5	6	7	8	9
	[라이콜]	[칙]	[니]	[숨]	[시]	[ㄴ가]	[트룩]	[뒨]	[갸이]	[구]
	[laykor]	[chig]	[nyi]	[sum]	[shi]	[nga]	[trug]	[dǔn]	[gyay]	[gu]

이 티벳 소리를 읽어보면, 역시 우리 한자음이 나옵니다.

인도 숫자	힌디데바나가리	ο	१	२	३	४	५	६	७	८	९
	구자랏	ο	૧	૨	૩	૪	૫	૬	૭	૮	૯

다른 언어의 숫자도 있지만, 결국 명도전의 숫자는 상형으로 만들어진 숫자나 아라비아 숫자 계열이 아닙니다.

---

2) 임승국 번역 주해, 『한단고기』, 정신세계사, 2002, 244쪽.

제가 가설로 예측한 것처럼, 고조선의 숫자 소리를 알파벳으로 표현했을 가능성이 큽니다. 가설 설정 후 '고조선 문자'라는 막연한 확신이 생겨 명도전을 '조선전朝鮮錢'이라 바꿔 부르기로 했습니다. 이는 초기 수사에서 많은 부분 혼란스러웠지만, 이 화폐 이름을 고조선의 화폐라 정한 것은 목적지 나라를 정확하게 지도 위에 표시한 것입니다.

4. 명도전의 호칭을 조선전朝鮮錢으로 바꾸다

명도전明刀錢은 작은 칼처럼 생긴 청동 화폐로 '明'자 비슷한 무늬가 있으며 중국 춘추 전국 시대에 연燕나라·제齊나라에서 유통하던 화폐라고 알려져 있습니다. 명明하면 해와 달이 있는 좋은 의미이지만, 후대의 중국 명나라(중국의 주원장朱元璋이 원元나라를 멸망시키고 세운 왕조)와 의미가 겹치므로 단군조선 지역에서 만들어진(거의 고조선 화폐가 틀림없을 것이므로) 명도전은 단군조선의 화폐라는 의미의 '조선전'이라 해보겠습니다.

여기까지의 문자와 화폐의 국적 수사는 실체의 테두리에 대한 수사였고, 이제부터는 공통적으로 보이는 앞면(②, ④) 명明과 '흐'의 실체를 추적해 봅니다.

5. '흐'를 국명이라 생각하다

조선전(명도전)에 明명자가 새겨져 있다면, 이는 화폐를 제조한 나라를 말하는 것입니다. 모든 화폐에 새겨져 있다면, 명확히 국호를 나타낸 것입니다. 그러나 중국에서는 처음에 연나라 소왕의 소召라 했다가 도무지 그 문자가 아니니 연나라의 명明이란 어떤 지역명이라고 학문적 진술을 변경합니다. 이는 말이 안 되는 것인데, 그 많은 분량의 화폐를 지역 단위로 생산했다는 것은 이해가 안 되는 것입니다. 수사에서 진술이 변경되는 사람의 말은 거짓입니다. 마찬가지로 중국학자들의 진술도 변경되고 있습니다.

그러면 우리 조선이라 예측하는 '흐'에 관한 의미를 찾아보겠습니다. 조선의 순 우리말은 '해가 처음 뜨는 땅'이라는 '아사달'입니다. 실제로 토기에도 고대 동이족들이 '땅(혹은 산) 위로 해가 솟는 문양의 문자'3)를 표시해 두고 있습니다.

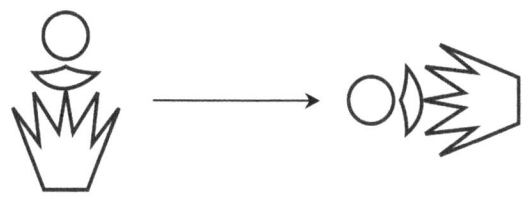

이 문양을 옆으로 눕힌 뒤, 땅이나 산처럼 생긴 맨 아래 문양을 선으로 단순화 시키면, 조선전(명도전)의 문양이 됩니다. 위 모양을 왼쪽으로 돌려보겠습니다. 다음 조선전(명도전)의 도형이 나오는데, 중간 도형인 달은 초기 모양에서 완전히 달 모양으로 바뀌고, 맨 오른쪽의 땅과 산 모양은 생략되어 곡선이 됩니다(②). 고조선 시절의 청동기술이 뛰어나서 그리지 못 할 정도는 아니었겠지만, 역시 편리성을 위해 땅 모양을 곡선으로 줄인 듯합니다. 또 하나의 오른쪽 문양(④)에서 달은 모양이 생략되어 수평선과 사선이 되면서 둥근 해 위로 올라가게 됩니다. 그래서 '흐'와 같은 모양이 된 것입니다.

이는 요즈음 자기 기업대표 문양(로고)에서 회사 이름을 줄여 그림 문자로 나타내는 것과 동일한 법칙입니다. 즉 '해와 달이 밝게 비추는

---

3) 신용하, 「고조선 문명권의 형성과 동북아의 '아사달' 문양」, 임재해 외, 『고대에도 한류가 있었다』, 2007, 104쪽.

땅'이란 우리말 수도 이름 '아사달'을 고조선 시대별로 그 문양을 보여주는 것입니다. 그러니 앞에 소개해드린 문양은 '해가 달과 어울려 영원한 광명의 나라'이거나 '해가 빛나는 햇무리의 나라'이므로 조선을 나타내는 나라이름이라 하겠습니다.

제나라에서 만든 화폐는 중국인들도 명도전이라 부르지 않습니다. 제나라 칼 모양의 화폐라는 의미의 '제도'라고만 부릅니다.

이번에는 연나라 국호를 살펴봅시다.

연(燕): 제비, 잔치, 주연, 편안하다.

연나라 국호는 해와는 아무 상관없는 '제비가 날아오는 편안한 나라' 정도의 의미를 가지고 있습니다. 도무지 '해와 달'이 떠 있는 나라라고는 상상을 할 수 없는 국호입니다.

결론은 명도전의 앞면(②, ④)에 있는 명明자 모양은 국호 고조선을 표현하는 것입니다.

6. '흐'에 관한 국명 보충 자료를 찾다

화폐의 '흐' 부분이 담긴 사진이 올라와 있는 인터넷 사이트를 발견하였습니다.[4] 사진은 국립중앙박물관 소장인데, 평북 위원군 용연동 유적에서 출토된 명도전에 그토록 찾던 '해달나라' 혹은 '해빛나라' 고조선이 있었습니다. 그것도 제 짐작대로 국명으로 모두 연속적인 문양이었습니다.

---

4) knightblack, 「명도전은 고조선의 화폐가 틀림없다」, 네이버 블로그 〈Network of Corea history(http://blog.naver.com/knightblack/10089759561)〉.

쌍꺼풀이 있는 눈처럼 보이는 아래 그림을 보십시오.

모두 연속되어 있으니, 화폐 제조 국가를 나타냅니다. 눈꺼풀은 '달', 눈은 '해' 약간 기울어진 수평선은 '땅'을 나타냅니다. 즉 '아사달' 해와 달이 밝게 비추는 땅, 조선인 것입니다.

朝鮮
朝: 아침, 처음, 시작, 뵙다, 알현하다
鮮: 곱다, 뚜렷하다, 깨끗하다

한자 '조'에도 '해'와 '달'이 들어 있군요. 위아래 十는 햇살이 비치는 모양입니다. 그래서 세상이 밝고, 곱고, 뚜렷하고, 깨끗한 나라라는 의미입니다. 그럼에도 불구하고 명도전의 이 눈 모양이 국호가 아니라 제조 지역을 나타낼 수 있는 가능성이 조금은 있을 수 있습니다. 즉 연나라의 국호가 아니라 어떤 지역을 나타내는 명明이라고 볼 수 있겠으나, '해나 달이 뜨는 밝은 곳'에 해당하는 국호 '조선'이나 순 우리말 수도 이름 '아사달'에 해당하는 문자로 보는 것이 더 타당할 듯합니다. 이렇게 '호' 문자가 조선朝鮮 나라 문양일 것이라고 생각한 후 그 문양 변천에 관해 생각해보았습니다.

7. '해달나라, 아사달, 조선朝鮮'을 뜻하는 나라 문양 변천을 살피다

① 토기에 새긴 아사달 문양

② 왼쪽으로 돌린 아사달 문양

③ 초기 조선(아사달) 문양

④ 중기 조선(아사달) 문양

⑤ 후기 조선(아사달) 문양

여기까지 가설을 통한 수사를 해보았습니다. 어렴풋이 이 문자들은 한자가 아니라 한글 자모일 것이라는 느낌을 첫 가설과 동일하게 받았을 것입니다.

이번에는 혹시나 다른 측면이 있나 해서 은 갑골문과 비교해서 수사를 해보겠습니다.

8. 은 갑골문과 비교하다

처음에는 고조선 상형문자라고 생각 못하고, 자료가 제한된 상태에서 숫자라고 해석해보았습니다. 지금 갑골문에 국내 번역 자료로 『중국갑골학사』5)에 갑골문 자료가 잘 나와 있습니다.

만약 상형문자라면, ①에서

1) ᙓ 화폐를 발행한 해(年)를 나타내는 듯합니다. 갑골문에서는 왼 좌左를 나타냅니다. 그런데 이 문자는 아무런 뜻을 나타내지 않습니다. 이 문자는 간지의 축표에 해당합니다. 물론 갑골문 연구 도표에는 표의 방향이 왼쪽으로 터진 모양새이지만, 문자에서 좌우 방향 전환은 흔히 나타납니다. 그래서 간지로 표에 해당하는 '어떤 해에'라는 의미입니다.

2) エ 아래 문자는 I는 갑골문에서 공工, 간지의 임壬, 혹은 숫자 10을 나타냅니다. 즉 지금 숫자 1처럼 보이는 문자는 십+, 10인 것입니다.

3) X 다음의 영어 X는 갑골문에서 오五, 5를 나타냅니다.

그래서 (아마도) 어떤 해에 발행된, 화폐가격이 십오+五, 15 원인 화폐를 나타냅니다.

다음 명도전의 앞면(③) 글자에서,

1) ロ ㅁ은 갑골문에서 입 구ㅁ(ㅂ) 혹은 간지의 정丁을 나타냅니다.

---

5) 吳浩坤·潘悠, 양동숙(梁東淑) 번역, 『중국갑골학사』, 동문선, 2002, 173쪽.

2장 고조선 문자 수사 가설

2) Θ Θ은 갑골문 전前, 아마도 갑골문 사용 전에 백白을 나타냅니다.

3) 十 현재 한자로는 10이지만, 이전에는 칠七이었습니다.

그래서 이 명도전은 갑을병정甲乙丙丁의 어느 정丁년에 만든 백칠107원짜리 화폐를 나타냅니다. 혹은 '100원이 7개'라고 생각할 수도 있습니다. 만약 이 추정이 올바르다면, 백과 칠은 반복적으로 사용되니, 많은 명도전 뒷면에 이 문자들이 기록되어 있을 겁니다. 또는 ㅁ은 정丁년 혹은 4번째 숫자인 정丁이고, 다음 θ은 백白(흰색)으로 보고, 다음 十은 7七로 봅니다. 여기서 백白은 당시 백이白夷라고도 불린 고조선이라 생각해볼 수 있습니다.

이렇게 갑골문과 비교해서 한글 자모가 아닌 다른 시각으로 수사를 해보았으나, 숫자와 화폐 가격이란 고정된 좁은 시각에서 벗어나지 못했습니다. 다만 '호' 부분을 국명인 '조선朝鮮'임을 확실히 하는 사실적 접근은 있었습니다.

9. 국명을 '연제燕齊'와 비교해서 '조선朝鮮'임을 확실히 하다

명도전의 앞면(②, ④)은 국호를 나타냅니다. 사람 눈처럼 생긴 국호는 아사달, 조선朝鮮, 해달산山의 나라라고 설명을 드렸습니다.

다음 제齊나라 국호는 마름모 세 개입니다. 명도전 맨 위에 이 문자가 있는 것은 제나라 화폐라는 것입니다. 자루에 구멍이 우리 조선의 명도전처럼 역시 둥급니다.

(『중국갑골학사』, 183쪽)

제나라 명도전에는 당연히 해달산의 명明이 없겠지요. 그래서 제나라 명도전은 제도齊刀라고만 하지 명도전이라 하지 않습니다. 명도전이라 부를 수 있는 것은 모두 조선의 화폐라는 것입니다. 여러분 집에 있는 명도전에 위 문자가 처음 글자로 있다면, 고조선 화폐가 아니라 중국 제나라 화폐입니다.

다음 연燕의 갑골문은 다음 문양입니다.

(『중국갑골학사』, 187쪽)

즉 연나라를 나타내는 명도전에는 이 문양이 있어야 하는 것이지, 눈처럼 생긴 '해달산의 나라' 문양이 들어 있으면 안 됩니다.

결론은 자루에 구멍이 둥근 모양이냐 네모난 모양이냐에 있는 것이 아니라, 문자로 자기 국호를 표시했느냐 아니냐에 있는 겁니다. 그럼에도 불구하고 명도전의 이 눈 모양이 국호가 아니라 제조 지역을 나타낼 수 있는 가능성이 있을 수는 있습니다. 즉 연나라의 국호가 아니라 어떤 지역을 나타내는 명明이라고 볼 수 있겠으나, '해나 달이 뜨는 밝은 곳'에 해당하는 국호 '조선'이나 순 우리말 수도 이름 '아사달'에 해당하는 문자로 보는 것이 더 타당할 듯합니다.

국립중앙박물관에 전시된 5개의 조선전(명도전)은 북한에서 출토된 것이므로 당연히 오른쪽에 눈 모양의 조선 국호가 들어 있지요. 그래서 명도전이라 부르는 모든 화폐는 고조선의 화폐입니다. 단 한 점도 연나라 화폐가 아닙니다.

여기까지의 수사로 분명한 것은 찾아가야 하는 문자 지도상의 나라가 연나라가 아니라 고조선임을 확인했다는 것입니다. 그러나 문자 수사는 이때부터 오히려 어려움에 봉착하며 서서히 미로 속으로 들어가기 시작했습니다. 일본과 중국의 국적 위조 범죄가 완전 범죄가 될 수도 있었던 시간들이었습니다. 저는 수사관으로서 포기하지 않고 이번에는 천간지지天干地支: 干支를 가지고 추적해보았습니다. 언젠가는 조선전 문자와 한글과의 관계를 잇는 실마리를 찾을 수 있으리라는 가느다란 기대감만 있었습니다.

10. 조선전(명도전) 문자를 천간지지天干地支: 干支로 예측하다

천간은 육십갑자의 위 단위를 이루는 요소이고, 갑甲·을乙·병丙·정丁·무戊·기己·경庚·신辛·임壬·계癸의 총칭입니다. 십간이라고도 합니다. 지금까지 명도전으로 알려진 조선전의 문자는 첫 번째 문자가 천간지지天干地支: 干支임을 예측해보았습니다. 물론 두 번째 문자까지일 수도 있습니다.

갑(甲)	을(乙)	병(丙)	정(丁)	무(戊)	기(己)	경(庚)	신(辛)	임(壬)	계(癸)
十	ㄟ	内	ㅁ	ㅕ	戈	己	丙	丰	푸	辛	I	癶	癸

(『중국갑골학사』, 173쪽)

그러나 이도 조선전 문자 중에서 일부만 확인했을 뿐 전체를 알 수 없었습니다.

3장... 장박천 논문 분석

이렇게 수사 내용을 적어 두고 문자와 비교해보아도 그 그림자조차 찾을 수 없을 때, 중국학자 장박천張博泉의 명도전 논문이 인터넷에 한글로 번역1)되어 있었습니다. 수사는 전환점을 맞이했습니다. 이제부터는 장박천이란 중국학자가 왜 명도전이 조선의 화폐라고 했는가 문장과 단어를 샅샅이 수사할 것입니다.

1. 장박천 논문을 분석하다

논문에 나오는 고죽국孤竹國을 모르시는 분이 있을 듯해서 고죽국을 살펴보겠습니다. 윤내현 교수님께서 고죽국의 국가 성격을 잘 표현하시고 있습니다. 그러나 여러분이 국사책에 배운 내용으로는 처음에 쉽게 다가오지 않을 것입니다. 신화라고 배웠던 고조선이, 그것도 여러 거수국을 거느린 광대한 국가라는 것이 이해가 안 되시겠지요.

---

1) 장박천(張博泉),「明刀幣硏究續說」,『北方文物』제80期, 2004. (장동균,「명도전에 대한 중국학계 연구 논문 하나」, 다음 블로그 〈品石齋〉(http://blog.daum.net/gusan0579) 재인용)

우리 민족은 부여, 고죽, 고구려, 예, 맥, (…중략…) 숙신, (…중략…) 등의 여러 종족으로 이루어졌다.
옛 문헌에 이들은 고조선 안에 있었던 정치집단(거수국)의 명칭으로 등장한다.[2]

즉 고조선이 연방국의 제일 높은 나라로서 비유하자면 지금의 영연방의 영국입니다. 고죽국은 영국 안의 아일랜드나, 거리로는 멀지만 성격상 캐나다나 호주에 해당합니다.
이제 논문을 살펴 그 내용을 정리해 봅니다.

첨수도(尖首刀)는 고죽후(孤竹侯), 기후 때에 이미 있던 화폐이고, 원절식도는 조선후국(朝鮮侯國)의 화폐라는 것이다. 이 조선 지역이 목이(目夷), 명이(明夷) 지역입니다. 명(明)은 당시 지역명칭으로 고죽, 기(箕), 어(魚)등 국족(國族)은 명이 지역에서 이미 첨수도를 사용하였고, 그 후에 동북에서 사용된 도폐는 이곳에서 기원한다고 볼 수 있다.[3]

고죽국의 위치는 지금의 난하 동부유역입니다. 이미 단군조선 지방정부인 고죽국에는 첨수도尖首刀가 이미 사용되고 있었고, 은이 망한 후 기자가 고죽국에 이민을 와서 고죽국에 단군조선의 제후국인 기자조선을 세우는데, 이때 만든 화폐가 명도전이라는 것입니다. 이 지역에 있는 주민들을 명이明夷라고 하였기 때문이라는 겁니다. 이분 주장을 따르면, 결국 소위 명도전 화폐와 그 이전 첨수도는 고조선의 화폐임을 알 수 있는 것입니다.

---

2) 윤내현, 『우리 고대사: 상상에서 현실로』, 지식산업사, 2003, 122쪽.
3) 장박천(張博泉), 앞의 글 참조.

2. 중국의 옛 글자를 일목요연하게 정리한 자료를 발견하다

수사를 위한 또 하나의 좋은 첨단 수사도구를 확보했습니다. 인터넷에서 무료로 온 갑골문부터 춘추전국 문자를 모두 검색해볼 수 있는 곳이었습니다.4)

인터넷에서 '明'을 확인해보겠습니다. 이 주소에 가서 馬 대신 한글 문서에서 한자로 전환한 明을 넣어 봅니다. 明을 확인하고, 다음 燕연을 확인합니다. 그리고 燕의 옛 이름 郾언도 확인합니다. 역시 한자 郾의 모든 문자는 명도전 국가 문양과 같지 않았습니다.

이제 이 자료를 가지고 제齊와 언郾을 좀 더 자세히 살펴봅니다.

3. 제나라에서 나온 제도齊刀를 해석하다

제도齊刀 중 일부라도 해독해보겠습니다. 가장 대표적인 글자입니다. 이 면은 명도전의 '명(亯)' 자에 해당하는 전면입니다.

① 맨 위 문자는 제나라 '제'입니다.

② 두 번째는 지之로서 '가다', 혹은 어조사입니다.

③ 세 번째는 거去로서 '가다'입니다.

④ 북北, 북쪽, 혹은 화폐단위입니다. (거의 모든 제도에 이 문자가 있으므로 화폐 단위일 것 같다는 것입니다.)

---

4) http://www.internationalscientific.org/CharacterASP/

의미는 정확히 해독은 안 됩니다만, 제나라에서 간다(통용된다), 화폐 단위 정도로 보겠습니다. 이 글자는 사전에 찾아보니 ╟(북상투 관, 쇠뭉치 굉, 금덩어리 횡 자)일 것 같습니다. 즉 '제나라가 통용시키는 쇠덩어리(화폐단위에 준함)'라는 의미입니다.

중국학자들은 위 글자를 제지법화(齊之法化)라고 읽으며, 일부 학자들은 '법화'를 대도(大刀)로 해석한다.[5]

법法은 갑골문과 금문이 안 보이고, 법의 왼쪽 삼수변을 생략하면, 위 화폐 속의 문자가 됩니다. 화化는 여기서도 재화의 화로도 해석할 수 있겠습니다. 이 화化는 칼이기 보다는 재화財貨의 줄임말 정도로도 해독할 수 있습니다. 중국학자들의 해독을 참고해보면, '제나라의 법적인 재화(화폐)'로 해독할 수도 있겠습니다.

4. 명도전의 문장은 명이明夷와 목이目夷를 나타낸다

중국학자들이 명도전을 연구하다 보니 문제가 생겼습니다. 제나라의 제도齊刀에는 분명히 '제나라가 통용시킨 돈'이라고 발행국가를 오른쪽에 표시해 두었습니다.

---

5) 리쉐친, 심재훈 옮김, 『중국 청동기의 신비』, 학고재, 2005, 204쪽.

그러면 상식적으로 명도전이 연나라 화폐라면, 연을 상징하는 '제비' 모양의 문양이 들어가야 하는 겁니다.

이 문양이 없다보니 명明과 비슷한 문자인 연나라를 상징했던 언匽(엎드리다, 도랑, 방죽)을 가지고 명도전 문장과 비교해보기도 합니다.

|언(匽)의 금문[6]　　　　　|명도전 문양 명(明)

은나라 갑골문자는 시기에 따라 방향이 달라지므로 방향은 상관없다고 할 수도 있습니다. 그런데 결정적으로 다른 모습은 달을 표현하는 반원에 '匽'자는 중간에 수직선이 한 개 혹은 두 개 들어간다는 것입니다. 그리고 방향을 돌린다 해도 匽자에는 긴 선이 중간 도형 위로 떨어져 그어져 있고, 明자의 선은 해 아래에 가기 때문에 일치하지 않게 됩니다. 언을 돌려 봅니다.

|언(匽)을 돌린 문자

---

6) http://www.internationalscientific.org

囻을 돌려보아도 동그라미 외에는 다르게 보입니다. 그래도 明자 해독이 안 되자, 장박천 같은 중국학자가 明은 고죽국孤竹國에 망명한 기자箕子씨의 후손들이 조선후朝鮮侯가 되어 만든 화폐라 생각합니다. 장박천이 『한단고기』를 보았는지 안 보았는지는 모르겠지만, 『한단고기』 해석 그대로입니다.

그리고 저는 명의 대표적인 두 문양을 명이明夷와 목이目夷라 보았습니다.

|명이(明夷) |목이(目夷)

위 문양은 은나라 갑골문자를 표현한 것이 아니라 사물의 '해와 달', '눈' 모양 그대로 표현한 것입니다. 그래서 '명明'자에 日은 은나라 문자 양식인 둥근 원 안에 선이 있는 은나라 갑골문자가 아니라 그냥 둥근 원(o)으로 '해'를 나타내었습니다.

고죽국 지역에는 이전부터 동이족인 명이(혹은 목이)가 살고 있었습니다. 연구는 더 해보아야 하겠지만, 고조선 이전의 용산龍山(동이 문화라 예측) 문화의 후손들입니다. 그래서 기자조선 때(그 이전일 수 있습니다) 이 지역의 씨족이름이자 지역이름을 명도전의 국가 문양으로 사용한 겁니다.

5. 진철경陳鐵卿의 명도전 국적 의문을 탐구하다

진철경(陳鐵卿) 분석에 따르면, 원절식도의 "明"자는 본래 첨수도에서 따른 것으로, 첨수도 위에서 이 "明"자는 각종 行用標記雜字(雜字를 標記해 통행에 사용한)이므로, 燕國의 都邑 명칭으로 보는 것은 불가능하다.

이에 따라, 朱活의 연구와 결합하면 첨수도가 사용되었을 때는 설명하면 '明'은 당시의 지역명칭으로 孤竹, 箕, 魚 등 國族은 明夷지역에서 이미 첨수도를 사용하였고, 그 후에 동북에서 사용된 도폐는 이곳에서 기원한다고 볼 수 있다.7)

여기에서 보시면, 여러 가지 새로운 사실을 알 수 있습니다. 진철경이라는 중국학자가 명도전 이전에 이미 첨수도 위에 明자가 있다 하였고, 연나라의 도읍 명칭이 아니라고 하였습니다. 그러니 장박천 외에 진철경도 명도전이 연나라 화폐라는 것에 의문을 가지고 있다는 겁니다. 즉 고죽국에는 이미 화폐로 첨수도가 사용되었고, 그 제조국을 나타내는 문양이 통일되지 못하여, 고죽孤竹족, 기箕족, 어魚족, 명明족으로 되어 있었는데, 기자가 강성해지고, 조선후(기자조선)가 된 후 이 문양을 명으로 통일했다는 겁니다. 즉 이 明자는 이 지역 고대로부터 내려오던 문양이라는 겁니다. 이는 곧 단군조선 지역에서 문자를 사용하였다는 것입니다. 그리고 조선의 외곽지역(단군조선의 위치에서 보면)에 이런 화폐가 유통되고 있었다면, 당연히 본토인 단군조선 지역에서도 화폐가 유통되고 있었다고 보아야겠습니다.

여기까지 수사로 중국학자 중에 장박천張博泉이란 학자 외에 진철경陳鐵卿이란 학자도 명도전의 국적을 의심한다는 것을 알 수 있습니다. 중국인 스스로가 그것도 학자 2분이 문제 제기를 했다는 것은 분명 '명도전의 국적'에 중국 내부에서도 의심이 있다는 것입니다.

---

7) 장박천(張博泉), 앞의 글.

4장... 우리 기록 분석

1. 우리 측 기록을 수사하다

"기자조선에서는 BC 957년 자모전子母錢이라는 철전鐵錢이 주조·사용되었다"고 『해동역사海東繹史』에 기록되어 있습니다. 『해동역사』는 한치윤이 조선·중국·일본의 다양한 역사 서적을 참고하여 쓴 것입니다.[1] 일반적으로 논문이나 책을 저술할 때도 많아야 100권, 적으면 10권 내외의 책을 참조합니다. 우리나라 역사서와 당시에 구할 수 있었던 중국·일본의 서적 550여 종의 역사서를 참조했다는 것은 매우 객관적인 역사적 서술을 했을 가능성이 높다는 것입니다.

2. '자모전'이란 어휘를 탐구하다

자모전子母錢은 이자가 붙은 돈 혹은 밑천과 이자를 의미합니다. 여기에 대해서 네이버 지식인은 작은 소액 화폐를 자전子錢으로, 큰 고액

---

1) 네이버 백과사전 참조.

화폐를 모전母錢으로 해석하고 있습니다.2)

정말 기록대로 화폐가 발견된다면, 기원전 957년(지금부터 대략 2960년 전) 그 위에 사용된 문자는 당연히 고조선식 문자입니다. 저는 여러 각도로 '자모'라는 단어를 생각해보았습니다. 먼저 자모전字母錢의 잘못 표기라 생각해보겠습니다. 자모字母는 음절의 근본이 되는 글자 'ㄱ, ㄴ, ㄷ'이나 'a, b, c' 따위를 표현하고 낱자라고도 합니다. 즉 가림토 자모가 새겨진 쇠로 만든 동전일 수 있다는 제 어휘 추리는 실체에 접근하고 있었습니다.

3. 만약에 자모전字母錢이라면, 이는 소위 명도전이다

만약에 『해동역사海東繹史』에 기록되어진 글자가 자모子母가 아니라 자모字母라면, 지금 우리는 엄청난 많은 양의 자모전을 가지고 있는 것입니다. 바로 명도전입니다. 명도전이란 이름은 앞면의 문양을 두고서 하는 말이고, 자모전이란 이름은 뒷면의 글자를 두고서 하는 말입니다.

그래서 지금 현재 '명도전이 연나라 화폐다'라는 인식 상태로는 아마 자모전을 단 하나도 찾을 수 없고 '기록상 있었다'라고 추정만 계속할 뿐입니다. 이미 명도전이라 이름이 고정되어 있기 때문에 이 화폐가 '자모전'임을 모르기 때문입니다. 그래서 만약 자모전字母錢이 제 예측대로라면, 현 명도전의 뒷면 문자는 고조선 문자일 것입니다.

조선 정조 때, 명도전이라는 이름을 지을 수 있었겠습니까? 명은 후대에 기자조선 시대에 통일된 문양으로 나타나면서 붙여진 이름인데, 명도전 뒷면의 문자는 정말 한글과 영어 알파벳 전신인 듯합

---

2) kschan82, 「우리나라 최초로 주조된 화폐는 무얼까?」, 네이버 블로그 〈살며 수집하며(http://kschan82.blog.me/50001302261)〉.

니다.3)

　이렇게 전체 정황상으로 국적은 고조선의 것임을 확인하게 되었고, 구체적인 입증 자료가 필요하게 되었습니다. 그것은 누구나 인정할 수 있는 '문자 해독'입니다. 지금부터는 구체적인 문자 수사에 들어갑니다. 물론 나중에 초기 해석을 들여다보니, 거의 엉터리 해석입니다.

　지금부터는 답답하겠지만, 당분간 엉터리 해석을 통해서 '고조선 문자'로 접근해가는 과정을 보겠습니다.

---

3) 명도전 문자는 X, I, H, Z가 들어 있는 문자로서 한글에 현 영어 알파벳이 더해진 문자라는 의미이다.

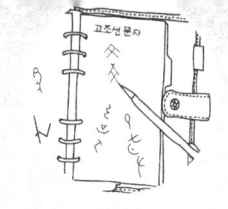

2부 고조선 문자 초기 해석

5장... 초기 해석과 첨수도

1. 맨 위 문자를 '고조선의 돈'이란 의미의 '돈'이라 해석하다

여기서는 얼토당토않은 해석을 보여드립니다. 이런 실패를 통해서 참 해석을 얻은 것입니다. 지금부터 당시에 해석이 얼마나 복잡한 미로와 어두운 동굴 속을 더듬어 왔는가 살펴보겠습니다.

1) 돈이란 문자가 맨 위에 있는 화폐문

2) 돈이란 문자가 맨 위에 있는 화폐문

		고조선 돈
	壬	간지 임
(⊠)8	五	5
	千	천

3) 돈이란 화폐 단위가 없는 화폐문

(화폐 단위 無)

	丁	간지 정
	百	백
	七	7

 혹은 '돈' 단위가 들어 있는 것은 모母, '돈' 화폐단위가 없는 것은 자子로 생각해볼 수도 있겠군요. 그래서 자모전子母錢이라 했을 수도 있겠군요.

2. 화폐의 첫 문자를 갑골문 '도刀'와 비교하다

은나라 갑골문자 도刀입니다.

지금 한자와는 방향이 다르지요. 위 은나라 문자에서 180도 회전하여 세웁니다.

획을 이어서 고조선 한자 돈을 만듭니다.

|명도전 첫번째 문자 |첫번째 문자 다른 모양

|한자 사전에 실린 韓國 韓字 '돈'

이 단어에서 우리 고조선의 돈이 도刀의 모양인 첨수도尖首刀와 명도전明刀錢에서 왔음을 알 수 있습니다. 결론은 고조선에서 '돈'으로 사용되다가 한자 정착 시기에 모양이 力(힘 력)과 겹치므로, 구별하기 위해, 윗선을 잘라서, 중간선에 사선을 긋게 된 것입니다. 즉 고조선 시대에

칼 모양의 도에서 돈이 되었음을 알아야만, 이 문자를 만들 수 있는 것이지요. 문자가 거의 똑같은 '力(힘 력)'이 화폐 단위로 사용될 가능성이 전혀 없는 것은 아니지만, 여기서는 역시 돈 '돈'으로 해석하는 게 좋을 듯합니다. 여기에서도 해석에서 많이 헤매었지만, 올바르게 접근한 또 하나의 사실은 '돈이란 韓國 韓字가 칼 모양에서 돈이 왔음'을 나타낸다는 것입니다.

이즈음의 수사 내용을 토대로 또 중요한 하나의 사실을 터득합니다. 바로 첨수도의 중요성입니다.

3. 첨수도의 중요성을 터득하다

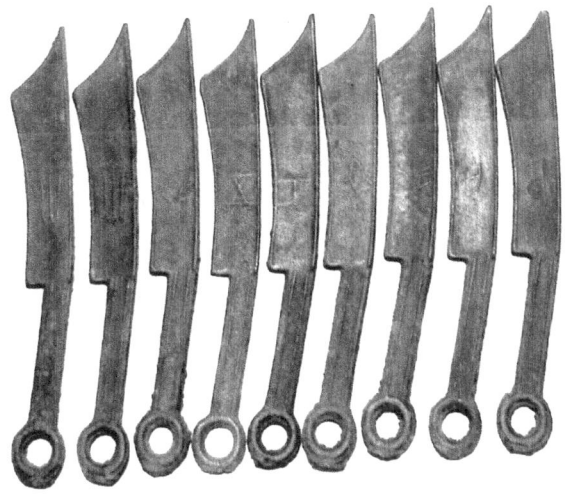

|첨수도(添首刀)

첨수도添首刀는 명도전 이전의 화폐이고, 첨수도針首刀는 첨수도 이전의 화폐입니다. 지금은 중국 화폐 전문가들이 거의 모두 첨수도와 첨수도를 북융北戎(북쪽 오랑캐)의 화폐라고 하는데, 고조선 화폐다 말하기 싫어서 북융이라 호칭하는 것일 뿐 사실상 고조선의 화폐임을

인정하는 것입니다.
중요한 것은 장박천의 논문 중에 첨수도에 관한 내용입니다.

> 첨수도는 하북성 경내에서 안 나온다는 것이고, 명도전 위에만 문자가 있는 것이 아니라 첨수도 위에도 문자가 있는데, 죽(竹), 기(箕), 어(魚), 명(明)이라고 해석하며 이를 '고죽, 기, 어, 명'이라는 씨족으로 보고 있다.1)

이 사실은 매우 중요한데, 연나라 지역에서 명도전의 전 단계인 첨수도가 안 나온다는 것이니, 명도전의 전 단계인 첨수도가 안 나오면 명도전은 연나라 화폐가 아니라는 것입니다.

또 한 가지 증거로 청동기 유물이 더 있습니다. 중국 요령성 객좌현에서 '기후방정箕侯方鼎'이 발견되어 기자가 고죽국(당시 조선의 제후국)으로 이동했음이 청동 유물로 확인이 되었습니다. 그 후 『한단고기』에 따르면, 기씨 가문은 연나라와의 전투에서 단군조선을 도와 전공을 세우고, 화폐를 통한 무역에 종사하여 고죽국에서 영향력을 넓혀 나갑니다. (거의 고죽국의 지역을 장악 통치한 듯 보입니다. 이를 이전의 역사에서는 기자조선이라 부르며 모두 왕이라 칭했습니다.) 그 후 기자의 후손인 기후가 완전히 고죽국을 장악한 후, 제후가 되는데, 『한단고기』에서는 번조선에 단군이 된다고 봅니다. 이 시기에 명도전이 나오는데, 왜 기箕를 새기지 않고, 명明(꼭 일치하지는 않습니다) 비슷한 문양을 새겼는가는 조금 의문입니다만, (제가 말씀드렸듯이 아사달의 동이족 고유 문양일 가능성이 높습니다.) 역사적인 전개를 맞추어 볼 수 있습니다.

즉 명도전의 국적 문제도 문제지만, 첨수도가 더 중요한 겁니다.
다시 중요한 결론을 정리해 봅니다.

---

1) 장박천(張博泉), 「明刀币研究續說」, 『北方文物』 第80期, 2004. (장동균, 「명도전에 대한 중국학계 연구 논문 하나」, 다음 블로그 〈品石齋(http://blog.daum.net/gusan0579)〉 재인용·)

1) 명도전의 전 단계인 첨수도가 연나라 지역에서 발견 안 된다.
2) 첨수도 위와 네모 솥(혹은 향로)에도 문자가 있는데, 기자와 고죽국의 존재를 확인해 준다. 이는 『한단고기』의 역사적 서술과 일치한다.

하지만 첨수도의 중요성은 인식했지만, 상형한글인 줄 모르고 지속적인 엉터리 해석을 계속합니다. 좀 지루한 수사로 흐르고 있지만, 제가 구체적인 극적 실마리를 찾기 위한 과정이니 관심을 가지고 들여다 봐 주십시오.

4. 또 하나의 명도전의 가격을 결정하다

이때부터 단 한 문자라도 담긴 자료를 찾기 위해 수많은 블로그를 돌아다니다가 문자 하나를 찾았습니다.[2]

간지干支가 없는 명도전인데, 25돈을 나타냅니다. 20은 은나라 갑골문에서 영어 U, 한자 凵처럼 생겼으나,

---

2) treustr, 「11 기후 객현한 객좌 문화bc1112~bc194」, 네이버 블로그 〈빨강 히루(http://blog.naver.com/treustr/90010780726)〉 참조.

V와 X를 보면, 정말 한치윤이 문자로서의 의미인 '자모子母 혹은 字母'라고 용어를 정의할 듯합니다. V와 X는 은나라 문자의 숫자이기도 하지만, 실제 지금의 영어 알파벳이기도 하지요. 그러면 그리스어 알파벳의 원류도 고조선일지…….

V

이렇게 황당한 해석을 하며 숫자에 맴돌며 헤매고 있었지만, 문자 자체를 상형한자로 인식하지 않고, 알파벳으로 인식한 소득을 얻어내기도 합니다. 제한된 수사 자료 속에서도 이 문자들은 상형한자가 아니고 한글 자모라는 것을 알 수 있었습니다.

계속 수사를 하다 보니, 수사 과정 곁에 있는 주변 지식도 얻게 됩니다. 그 주변 지식이 바로 은나라 화폐 단위를 알게 되었다는 것입니다. 은나라는 우리 쪽에서 부르는 말이라면, 본인들은 상商이라 했습니다. 명도전 연구를 하다 보니 은(상)나라의 화폐 단위까지 알게 되었습니다.

---

3) 양동숙, 『갑골문 해독』, 서예문인화, 2005, 635쪽.

朋자는 두 줄로 貝를 엮어 놓은 모양인데 상대의 화폐단위였다. (…중략…) 장사에 능하다는 전설을 지닌 商族은 물물교환에서 貝나 玉을 화폐로 쓰며 상업 활동을 발전시켰다.4)

5. 위조 방지책으로서 문자일 듯하다

철전을 주조할 때, 한쪽 면의 모양을 내는 거푸집이 아니라 양쪽 모양을 가지는 거푸집을 개발해서 사용했다면, 즉 한쪽 면의 모양을 내는 거푸집을 만드는 기술보다 양쪽 모양을 가지는 거푸집을 만드는 기술이 우수한 기술이었다면, 지금 명도전의 맨 첫 글자처럼 좌우左右 마주보게 되는 것입니다.

왜 좌우로 '돈' 화폐를 표시했을까요?

동이족의 습속에 칼을 반 잘라 부절符節에 맞추어 보는 것이 있는데, 마찬가지로 양쪽 좌우 모양새로 화폐단위 돈이 있다는 것은 지금으로 치자면, 위조방지책이 아니었을까요? 누구라도 주조를 하게 된다면, 경제가 얼마나 혼란스러웠을까요?

이를 지금은 명도전明刀錢이라 부르지만, 이전 고조선(기자조선)에서는 자모전子母錢(양쪽에 있는 수컷 돈, 암컷 돈)이란 단어를 사용했을 것 같습니다. 그래서 기자조선 흥평왕興平王(청주 한씨 족보에 의하면, 휘(임금 이름)는 착捉, 후대에 기후가 번조선 단군이 되면서, 앞 선조들이 모두 왕으로

---

4) 위의 책, 635쪽.

추존된 것으로 보임) 때 만들었다는 자모전은 명도전 유통의 역사적 시기나 주변 배경, 철전 주물 양식으로 볼 때, 명도전일 가능성이 높습니다. 홍평왕이라고 추존된 기착 시절에 조선족은 철전 주조법을 개발해서 화폐로 만들어 사용했으리라 여겨집니다.

6. 고조선과 연나라의 영토를 비교하다

| 고조선과 연나라 나라 크기 비교 및 명도전 출토 지역[20]

둥근 부분이 명도전 출토 지역입니다.

　고조선 대 연나라 크기 비교: 대략 10대 1
　번조선(기자조선) 대 연나라 크기 비교(예측): 2대 1

---

　5) 이덕일·김병기, 『고조선은 대륙의 지배자였다』, 역사의아침, 2006, 166쪽.

연나라 진개의 침공을 인정한다고 해도 연나라의 영역에서는 거의 나오지 않습니다. 제나라 지역에서 나온 화폐를 제명도齊明刀라고 하는데 이는 초·중기 고조선의 영역이 현재 산둥성까지 미쳤다는 증거입니다. 그러나 이도 중국의 조작일 가능성이 높고, '제명도'라는 화폐도 고조선 화폐의 한 종류입니다. 편의상 중국 주장에 따라 제나라 영역에 화폐 출토 표시를 임의로 넣었습니다. 수사 자료를 찾아 헤매다가 뜻밖에 이미 연구를 하고 계신 분과 그 분이 공개한 자료를 보았습니다.

7. daum 'civil' 님 자료 모음을 확인하다

2008년 2월 20일부터 daum에 올려진 'civil' 님의 '명도전, 첨수도' 자료를 스크랩 해보았는데, 자료가 충실하게 담겨져 있고 명도전이 고조선의 화폐일 것이라는 점까지는 잘 다가간 자료였습니다. 이 자료 확보는 큰 전환점이 되었습니다. 범인 색출을 위한 수사 자료를 왕창 쌓아 둔 느낌이었지요.

자료가 들어 있는 블로그 게시판을 보여드립니다.

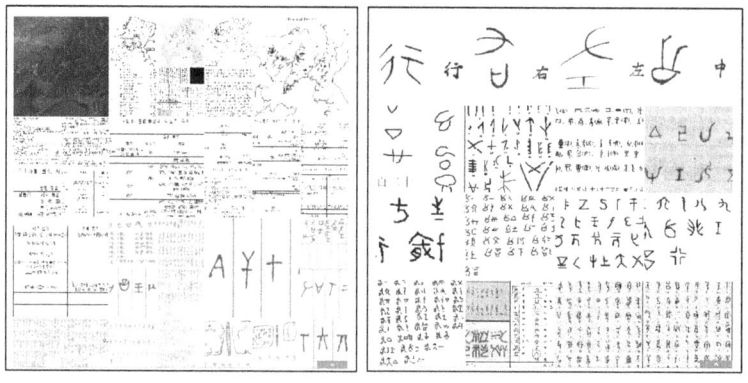

6장... 상형한글에 접근

이제부터 국적 수사에 희미한 서광이 나타납니다. 그것은 바로 문자 안에 그림이 들어 있을 거라는 내용인데, 요즈음 말로 숨겨진 코드를 찾아낸 것입니다. 처음에 찾아낸 코드는 중국학자들이 中이라 해석한 얼굴이었습니다.

1. 조우관鳥羽冠을 쓴 인물 얼굴로 상상하다

이 문양을 daum 블로그 civil 님은 중中이라 해석했습니다.

저는 조우관(새의 깃털 관)을 쓴 단군조선을 의미한다고 봅니다. 물론 완전히 맞추지는 못했지만, 위 문자 중의 상당 부분은 사람의 얼굴, 동물의 얼굴 부위를 표현한 것이었기에 제대로 수사 방향을 잡았습니다. 물론 수사 방향을 잡았다고 해서 바로 그 해답을 찾을 수 있는 것은 아닙니다. 한 가닥 실마리를 어두운 밤길에 주운 것입니다.

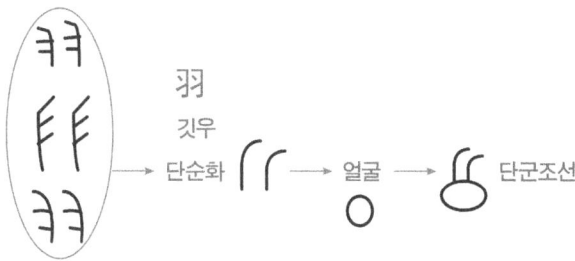

잘 아시다시피 고구려, 백제, 신라는 모두 조우관을 쓴 단군조선의 후예입니다. 즉 이 모양에서 둥근 것은 얼굴, 위의 주로 두 갈래 선은 깃털을 나타냅니다. 중국 한자와 비교해서 그 실체를 한 번 더 살핍니다. 中이라면 둥근 모양을 선이 관통해야 하는 것인데, 이 문자는 은 갑골문부터 현 한자에 이르기까지 거의 변화되지 않았습니다.

사람의 두뇌는 처음 인식한 그 어떤 범위에 집착하면, 탈출구를 찾지 못하게 됩니다. 화폐이니, 숫자가 새겨져 있을 거라는 단순한 생각이 계속 문제 해결을 방해하고 있었던 것입니다.

2. 中은 단군조선을 의미하는 문자일 듯하다

물론 정확한 해석은 아니지만, 中이라고 한 한자의 시각에서 벗어난 중요한 견해였습니다.

원래 은문자 中은 건물의 마당 가운데 꽂아 놓은 깃발 모양에서 중앙이 되었습니다. 혹은 화살이 사물의 중앙을 뚫고 있다는 의미이기도 합니다. 이와 같이 中이란 갑골문부터 현대 한자까지 모두 口 사이를 수직으로 통과한 문자입니다.

이제 명도전 위의 문자를 다시 살펴봅니다.

어디에도 중앙을 뚫고 들어간 문자는 없습니다. 이는 중국학자들이 잘못 해석한 것입니다. 그래서 마치 한글 ㄷ과 ㅇ으로 구성된 위 문양은 조우관鳥羽冠 혹은 오우관烏羽冠을 쓴 단군족임을 나타냅니다. 이는 『한단고기』에서 확인하실 수 있습니다.

    북부여 시조 단군 해모수, 재위 45년, 북부여기 상
    '까마귀 깃털로 만든 모자를 쓰시고 : 재 오우관(載 烏羽冠)'[1]

재載는 '머리에 쓰다'라는 의미입니다.
현대 숫자와 거의 닮은 문자도 단군조선을 상징하는 문자로 보았습니다. 그런데 여기서부터 문자가 그림일 수 있다는 희미한 실마리를 얻었음에도 불구하고, 상당시간 문자에 숫자를 계속 대입하는 어리석음이 있었습니다.

---

1) 임승국 번역 주해, 『한단고기』, 정신세계사, 2002, 125쪽.

3. 十을 숫자 7로 생각해보다

civil 님이 정리해 둔 자료를 보면서 7로 해석합니다.

　7의 은문자는 '十'로서 현재 한자 七을 의미합니다. 그래서 7이란 숫자에서 조선 한자와 은문자는 분명하게 구별 점을 나타냅니다. 금문 시절에도 7은 '十'이었고, 한자 통일 시기에 10인 '十'과 구별하기 위해 七은 아래를 휘였습니다.

4. 숫자에 집착하다

숫자, 숫자, 그 집착의 예를 보겠습니다.

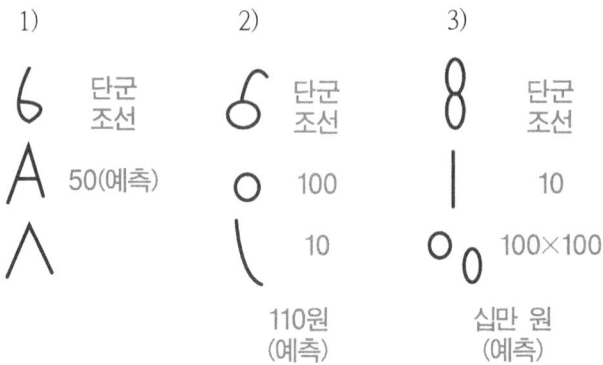

1) 현재 六을 나타내는 숫자는 6입니다. 이 모양은 바로 새의 깃털 하나를 머리에 꽂고 있는 단군조선인을 나타냅니다. 나중에 해석하니 이 문자는 무소인 코뿔소를 나타냅니다.

2) ㅇ은 100으로, 휘어진 사선은 10으로 읽어 110원이라 예측합니다. 나중에 해석하니 이 문자는 포도를 나타냅니다.

3) ㅣ은 10이고, ㅇ 두 개는 10000으로 읽고, 합하여 십만으로 읽습니다. 나중에 해석하니 이 문자는 못과 망치입니다. 8은 망치이고, 아래는 못과 못 대가리를 표현합니다.

5. 숫자에서 문자로 생각을 전환하다

	숫자	문자
6	단군	단군
A	60	어〔a〕
Λ	5(2)	ㄹ〔ㅣ〕

 무소(코뿔소)로 해석한 단어인데, 처음에는 이렇게 '얼'이라 황당하게 해석하였습니다. 그러나 숫자가 아니라 문자일 수 있다는 해석의 큰 전환점이었습니다. 문자는 지금 그리스 문자 발음기호를 참고하였습니다. 혹은 전혀 다른 의미일 수 있습니다. Λ는 그리스에서 [ㅣ] 발음입니다. 숫자라면 은 갑골문자로는 6 혹은 원래 50이나 60이라는 의미인데, 일단위에 들어가서 5 혹은 6, 그래서 가격으로는 '65원' 혹은 '62원'이며, 문자로는 [알] 혹은 [얼]로 생각해 봅니다.
 이 문자부터 해석에 있어 문자로 생각을 넓히고 있을 때라도, 상당 시간 숫자라는 고정 관념에서 벗어나지 못하고 있었습니다.

6. 육국문자六國文字의 安안을 고찰하다

육국문자라고 전국시대의 여섯 나라를 비교한 문자가 있습니다.[2] 물론 진나라 통일로 진나라 문자가 표준이 되었지만, 安에 해당하는 연문자의 모양이 좀 다릅니다. 모두 安을 나타냅니다.

제(齊)	연(燕)	진(晉)	초(楚)	진(秦)
匝	食	用	食	安

처음에는 이렇게 단편적으로 연나라 문자를 접하게 됩니다. 이 문자 외에 모든 문자가 실린 자료를 구할 수 없을까 많이 인터넷을 뒤지다가 드디어 『전국고문자전戰國古文字典』에 거의 모든 도자기 문자와 도장 문자가 실려 있는 책을 수사 자료로 확보하게 됩니다.

『전국고문자전(戰國古文字典)』
: 연나라 문자 외에 전국시대 각 나라 문자가 잘 정리되어 있음

---

2) 김준연, 『고금 횡단 한자여행』, 학민사, 2008, 87쪽.

7. '배' 상형문자를 찾다

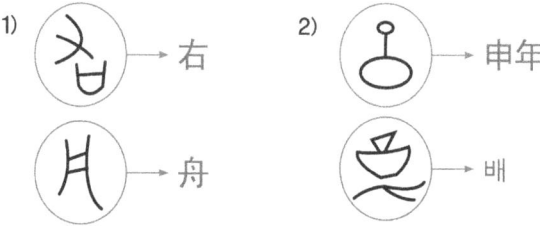

1) 우右(고조선의 우현왕일 것임) 지역에서 발행했는데, 배를 사거나 탈 수 있는 화폐. 혹은 숫자로는 22일 가능성도 낮지만 존재합니다. 배에 해당하는 갑골문은 '月'입니다. 그래서 배 주舟라고 해석해본 것입니다.
2) 8모양은 申이므로, 신년申年에 발행했고, 배를 사거나 탈 수 있는 화폐라는 의미입니다.

여기에서 큰 단서가 확보됩니다. 바로 '배'라는 상형문자를 찾아낸 것입니다. 아직도 화폐라는 생각에 배를 매매한다로 판단했습니다. 이제부터 아주 정확하지는 않지만, 서서히 문자의 실체에 다가가고 있습니다.

8. 배를 중심으로 해서 문자를 모으다

제가 배를 중심으로 모아 보았습니다.

1) 2) 3) 4) → 26 혹은 62
→ 舟

5) 6) 7)
→ 舟

비교)
→ 左
→ 丫, 5 혹은 午(?)
→ 千 혹은 7

모두 아래에 위치해 있는데, 특히 1) 모양 아래 물결이 있어 배 주舟 혹은 배 선船이라 예측할 수 있습니다. 문제는 이 배를 어떻게 해독하는가 하는 것입니다. 이전에 제가 제시한 의견은 배를 타거나 배를 살 수 있는 화폐라고 생각했습니다. 그래서 아직 확정적인 의견 은 아니지만, 배를 표상으로 하는 주舟씨족의 화폐라고 봅니다. 아마 도 해상 무역이나 조선업에 관련된 씨족인 모양입니다.

은문자 배를 나타내는 'ㅒ'와 'ㅍ'처럼 위 문양은 고조선 문자로서 배를 나타낸다 봅니다.

1), 2) 위쪽의 8 또는 아령 모양의 문자는 제가 숫자 5 혹은 일곱 번째 지지의 오누라고도 해석하였습니다. 여기서 일곱 번째 지지의 오누라고도 해석할 수 있겠으나, 장고를 세운 5의 둥근 형태라고 봅니다.
3)은 분명 2=이지요.
4)는 아래서 위로가면 26이고, 위에서 아래로는 62입니다.
5)의 맨 위는 7ㄴ이고, 그 다음 문자는 해독이 아직 어렵지만, 9로 임시로 정해 봅니다.
6)은 문자들이 겹쳐있어 해독이 어렵지만, 천간지지 + 숫자 혹은 개인 서명으로 보입니다.
7)의 맨 위의 문자는 임시로 6으로 보고, 두 번째도 임시로 9로 보았습니다.
비교) 화폐에서 F 모양은 천‡ 혹은 신시 산목 7의 변형으로 보았습니다.

배와 관련된 문자임은 아직 깨치지 못하고, 배와 관련된 씨족 이름 정도로 이해하고 있었습니다. 이제 가림토로 넘어갑니다.

7장... 가림토 자모음전

1. 명도전은 한글 자모전이다

2009.1.17: 거의 1년만입니다.

-자모전(子母錢)은 자모자전(子母字錢)이고 명도전(明刀錢)이라.-

위대한 고조선에서 만든 명도전을 조선 시대 한치윤이 "기자조선에 자모전子母錢이 있다"고 하였습니다. 이는 자모자전子母字錢이라고 처음에 짐작했습니다. 여기서 자모는 단어 뜻 그대로 글자의 닿소리와 홀소리인 것입니다. 명도전에는 한글의 ㄱ부터 ㄴ, ㄷ, ㄹ, ㅁ, ㅂ, ㅅ, ㅇ, ㅈ, ㅋ, ㅌ, ㅍ, ㅎ이 들어 있고 모음 ㅡ, ㅣ 혹은 점이 선이 된 ㅏ, ㅓ, ㅗ, ㅜ 등이 다 들어 있습니다.

그래서 세종께서 만드신 한글은 명도전의 문자를 대부분 참조하여 티벳문자 체계에 따라 만들었다고 볼 수 있습니다. 한글 신제의 비밀도 점점 확실해지고 있습니다.

자료를 보겠습니다.

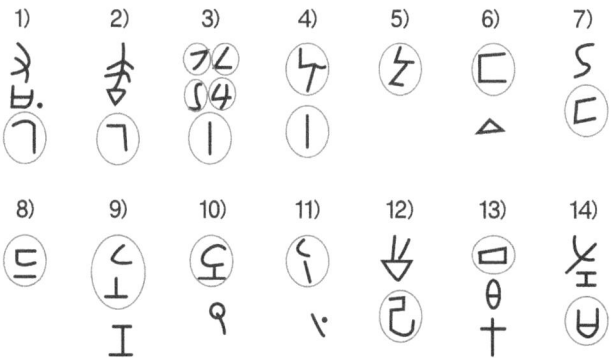

1) 右 아래에 ㄱ이 있습니다. 점點의 위치가 어중간한데, ㄱ 오른쪽 위에 있다면, 티벳 자모 결합과 같게 됩니다.
2) 위에 있는 문자는 씨족 표시이거나 은문에서 유래된 문자입니다. 역시 아래는 ㄱ입니다.
3) ㄱ과 ㄴ이 있고 아래에 영어 알파벳 S가 있고 현대 숫자 4, 그리고 아래의 ㅣ은 숫자로는 1이지만, 한글로는 모음 ㅣ[이]입니다.
4) ㄴ 아래에 ㅣ가 붙어 있습니다. 한글 '니'인데, 모음이 오른쪽에 있는 것이 아니라 아래에 있습니다.
5) 한글 '노'입니다.
6) ㄷ 아래에 지금 한글에는 없지만, 『훈민정음』에 있는 △입니다.
7) 영어 알파벳 S 아래에 ㄷ입니다.
8) '드'입니다.
9) '도'인데 위아래 정확히 붙어 있지는 않습니다.
10) ㄷ이 둥근 모양이지만, '도'가 되었습니다.
11) '디'인데 '니'처럼 ㄷ 아래에 ㅣ가 있습니다.
12) 위는 문자이거나 씨족표시입니다. 아래는 ㄹ이지요.
13) 맨 위는 한글 ㅁ이고, 다음은 그리스 문자 θ입니다.
14) 한글 ㅂ이지요.

15) '서'인데 역시 ㅅ 아래에 ㅓ로서 자모음이 위아래로 결합하고 있습니다.
16) '소'입니다.
17) '느'이지요.
18) 맨 위는 그, 다음은 ㅂ, 다음은 ㅅ 아래 ㅣ로서 '시'입니다.
19) 초에 ㅇ이지요.
20) 현 한글에는 없고 훈민정음에 있었던 비밀의 열쇠 구멍이었던 열매 ㆁ이 맨 위에 있지요. 다음은 '으'이지요.
21) 열매 ㆁ이 있고, 아래에 ㅜ가 있는 완전 한글이지요.
22) ㅜ는 현 한글 ㅜ, 물론 숫자는 6일 가능성이 제일 높고 상점에 물건 표시하는 2일 수도 있습니다. ㅇ 아래 ㅣ로서 '이'이지요.
23) ㅇ 위에 ㄷ 혹은 C가 있고, 아래 ㅣ를 붙이면, '이'이지요.
24) ㅈ이 보이질 않습니다. 비슷한 문자인 ㅠ와 3을 보여드립니다.
25) 영어 알파벳 S 아래 ㅋ입니다. 물론 약간 맨 위의 수평선이 깁니다.
26) ㅌ 둥근 모습이지요.
27) 그, ㅁ 아래 ▽, 더 아래 ㅍ이 있습니다.

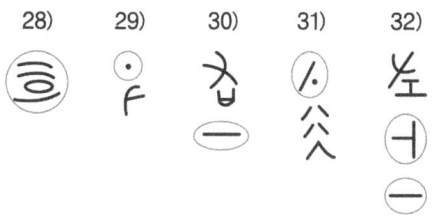

28) ㅎ은 명도전 문자 안에는 없고, 국명을 나타내는 '호'는 명도전의 앞면에만 있습니다.
29) 천ㅊ인 점點이지요.
30) 右 아래에 ㅡ[으]이지요. 숫자로 보면 당연히 1입니다.
31) ㅏ의 훈민정음 모음 형태이지요. ㅅ이 세 개나 있습니다. ㅆ이 옆으로가 아니라 위아래이지요.
32) 左 아래에 현 한글 모음인 ㅓ, ㅡ이지요.

2. 가림토의 예를 제시하다

1) 여러 가지로 해석되는 X입니다. 이전에 제가 천간의 계癸로 보거나 숫자 10 혹은 5로 보았던 문자입니다. 가림토 문자이기도 하고, 영어 알파벳이기도 하지요.

癸, 5나 10
가림토 문자

2) ㄩ(주로 영어 알파벳 U 모양으로 되어 있음), 물론 은 문자로 읽으면 20입니다.

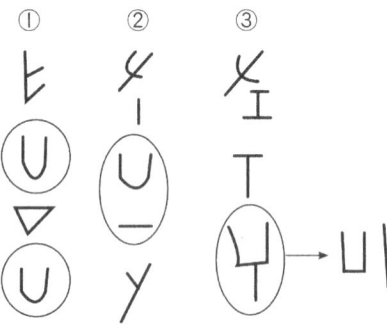

① U가 두 개 들어 있습니다.
② U 아래 ― 붙인 것입니다.
③ 각진 ㄩ 아래 ㅣ 붙인 것으로, ㄩㅣ 입니다. 숫자로 읽게 되면, 20 아래에 5나 10인데, 이렇게 숫자가 중첩될 지는 의문입니다.

3) P 닮은 'ㄱ' 왼쪽에 ㅣ 붙인 것이지요.

가림토

① 좌(左)라는 문자 맨 위가 주조가 잘 안된 모양이거나 가림토 문자 X, エ, U가 순서대로 적혀 있고, ―물론 영어 알파벳이기도 합니다.― 'ㄱ' 문자가 있습니다.

물론 가림토 문자는 아니지만, 가림토 문자가 'ㄱ'의 왼쪽에 ㅣ 붙였다고 볼 수 있기에 해석해 둡니다.

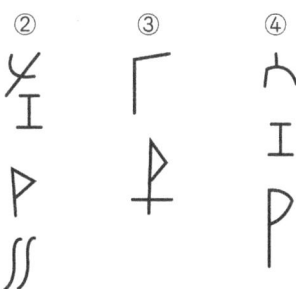

② 좌(左) 아래에 P의 위 둥근 부분이 각진 모양입니다.
③ ㄱ 반대 모양인 Γ과 P 모양인데, 이 문자가 중요합니다. 가림토 닮은 P 아래에 수평선 ㅡ을 그은 모양입니다. 만약 정말 한글 자모음 형식으로 쓴 문자라면 정말 좋겠는데, 더 연구해 봐야 합니다.
④ 완전히 영어 P 문자가 보입니다.

3. 명도전의 문자가 한글 자모 위아래 결합임을 확인하다

드디어 명도전 위의 문자가 자모음 결합이란 사실을 알게 됩니다.

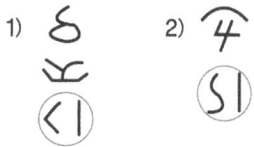

1) 은 '시'로서 ㅅ 옆에 ㅣ 붙은 지금 한글과 같습니다.
2) 은 'Sㅣ'로서 영어 알파벳 S와 옆에 ㅣ 붙인 것입니다.

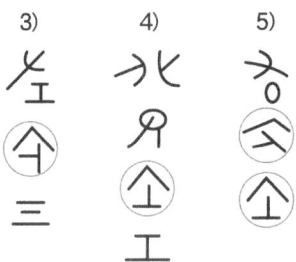

3) 이전에 했던 문자입니다. 소 아래, ㅅ 아래 ㅓ로 한글 자모 위아래 결합입니다.
4) 한글 '소' 그대로이지요.
5) 역시 한글 '소' 그대로이지요.

처음에는 도무지 무슨 문자인지 몰랐습니다. 4)와 5)는 ㅅ 아래 ㅗ 붙인 문자에 '소' 혹은 '고' 문자이지요. 여기에서 분명한 한글 '소'를 찾아냅니다. 5)는 황소를 표현하고 있습니다.

4. 명도전 안에서 한글 C를 찾다

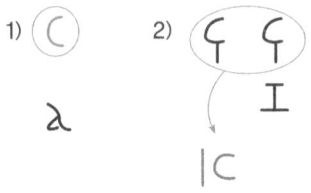

1) C입니다. 영어 알파벳이지만, 한글 ㄷ 발음이라 합시다. ㄷ 아래 영어 A의 소문자 a입니다.
2) C 아래 ㅣ을 그은 문자인데, 문자의 왼쪽에 ㅣ를 붙이면, [이] 짧은소리입니다. ㅣC[대]입니다. 영어에도 [이] 소리와 [이:] 소

리가 있지요.

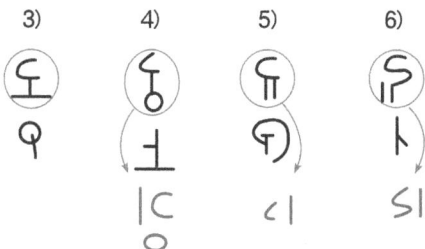

3) ㄷ 아래 ㅗ를 붙인 문자로 [도]입니다.
4) ㄷ 아래 ㅣ과 ㅇ으로 지금 한글로 표현하면 [딩]입니다.
5) ㄷ 아래 ㅣㅣ는 [이:]로서 인도 계열 모든 문자나 한글의 오른쪽에 붙는 문자이지요. [디:] 소리입니다.
6) S 문자이지요. 편의상 한국어 [ㅅ] 소리의 또 다른 소리라 합시다. 편의상 [ㅅ]을 대입하겠습니다. S 아래 ㅣㅣ는 [이:]로서 한국어 소리에 대입하자면 [시:] 소리입니다.

5. 문자를 그림으로 상상하다

좀 쉬어가는 의미에서 명도전에 있는 다음 문자를 해와 갈대밭이라는 풍경을 그린 풍경화라고 상상해보았습니다.

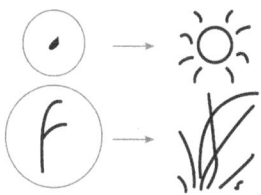

이 문자는 '아사(아침)'로 읽은 문자입니다. 혹은 벼가 익는 모습을 표현했다고 보면, 점을 태양으로 아래 문자를 갈대로 읽은 것은 거의 상형 원리에 도달했다고 봅니다.

6. 명도전이 자모음 결합 방식임을 확신하다

그러면 이제 자모음 표기법을 정리해보겠습니다.

1) 웅 → 딩   4) ↑ → 싀,
2) 옹 → 잉   ╪ → 으~이
3) ↙ → 싯   5) 𝄞 𝄪 → 이~
                  ⊖ → 우~

1) 앞에서 '딩'이라 했습니다.
2) 이전에 아령 8을 현玄, 사絲, 오午, 신申으로 보았습니다. 고대 한글로 읽으면 '잉'이 됩니다.
3) 이전에 대大, 부夫, 적赤으로 본 단어인데, '싯'입니다. 이 소리 음가가 초성, 중성, 종성으로 이루어져 있지요. 고대 한국어를 적기 위한 표기법입니다.
4) ㅣ는 중간에 들어 갈 수도 있습니다. △ 중간에 ㅣ 들어간 문자로 [싀]입니다. 二는 [으:]입니다. 중간에 ㅣ 들어간 문자로 [으:이]입니다.
5) 위에 둘러 친 둥근 선은 '계속 긴 소리를 내어라'입니다. [이~~~~~]와 [우~~~~~]입니다.

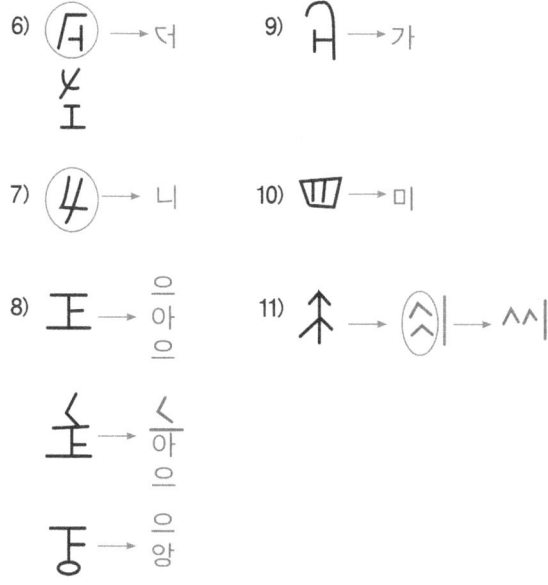

6) ㄷ에 ㅓ를 붙인 [거] 소리의 하나입니다.
7) 4는 ㄴ에 중간 ㅣ가 들어간 것으로 '니'입니다.
8) 정표의 은 갑골문이기도 합니다만, 이 문자와 닮은 문자들도 은 갑골문으로 해독하면 전혀 해독이 안 됩니다. 반드시 제가 밝힌 고대 한글 표기법으로 이해해야만, 다른 문자도 해독됩니다. 두 번째 문자는 위에 V를 왼쪽 방향으로 튼 것은 [ㅅ] 소리 중의 하나로 보며 ㅅ도 방향 전환이 자유로워 영어 알파벳 V도 한국어 [ㅅ]에 배당할 수도 있겠습니다. 따라서 [스아으]입니다. 세 번째 문자는 고대 한글 표기법이 적용된 것입니다. [으앙]입니다.
9) 역시 ㄱ 안에 ㅏ를 넣은 것인데, [가]입니다.
10) 한자 四인데, 한글로 보면 [미ː]입니다.
11) 어려운 문자였습니다. 고대 한글로 읽어야합니다. ㅅ 위아래 표기이고, ㅣ가 중간에 들어갑니다. [씨] 소리인데, 특히 ㅅ 위

아래 표기는 가림토 문자 표기입니다. 오직 가림토 문자로서
『한단고기』에만 있습니다.

12) ㅈ → ㄲ, ㅡ

15) Y → YI   Y → Y̲

13) ᅲ → (ㄱ,ㆆ) ㄱ, ㄷ

16) ᘔ → 딭

14) ㄲ → 비
    ㄲ → 바
    ㄲ → 븨

12) ㅅ 혹은 ㄲ에 옆에 짧은 ㅡ은 '그은 선만큼 모음 소리를 내어라'는 것입니다. [ㄲ]의 가장 짧은 소리입니다

13) ㅋ[ra]는 가림토이자 현 일본 가타카나입니다. ㅋ를 반대로 돌린 동일한 음가입니다. [ㅋㅋ]이지요. 혹은 [그ㄱ] 짧은 소리라 볼 수도 있습니다.

14) D를 이전에 달月로 해석했습니다. 상형한자로 본 것입니다. 고대 한글로 보면, ㅂ을 방향 전환한 것입니다. (아직 상형한자로 볼 여지도 있습니다.) [비], [바], [븨]라 해석했습니다. ㅓ은 '으'에 중간선 ㅣ를 그은 문자로 현 한글로는 '의'입니다.

15) Y는 V 아래 ㅣ붙인 문자로 볼 수 있으나, 한 문자로 보면 Y라는 자음으로 영어 알파벳 그대로입니다. Y 중간에 ㅡ를 그은 문자로 봅니다.

16) 상형한자로 보면, 도끼와 활입니다만, 고대 한글로 보면 '딭'입니다.

17) ⌐ → ㄷ
   ㆍ → 이 낮은 음

18) 9 → 이
   ㄴ → 느
   ㄷ → 다 낮은 음
   ㄴ → 니

19) 5 → 5
   ㅡ → 이

20) ㅗ、ㅜ
   → 으 낮은 음

17) 맨 위 문자가 어려웠습니다. ㄷ 아래 ㅡ를 붙인 것으로 [드]입니다. 한글 훈민정음 ㅏ인데, 훈민정음에는 자음에만 점을 붙였는데, 고대 한글에는 모음에도 점을 붙여 낮은 소리를 나타내었습니다. [이+아래 아(ㆍ)] 소리라고 해석하는 것이 더 합리적인 듯합니다.

18) '이', '느', '다' 낮은 음, '니'입니다. 특히 ㄷ 안에 점은 [다] 낮은 음입니다.

19) ㄷ 아래가 좀 늘어난 자음인데, 티벳 문자에 [ㄷ] 발음으로 소리 나는 5 그대로입니다. 5 아래 ㅡ를 붙인 문자입니다.

20) 훈민정음 ㅗ와 ㅜ는 고대 한국어 표기로는 [으] 소리 낮은 음이라 봅니다. [아래 아(ㆍ)+으] 소리, [으+아래 아(ㆍ)] 소리라고 해석합니다.

여기에서 거의 문자 해석의 실마리를 얻어 가고 있었습니다. 특히 16)은 젖다의 '젖'으로 최종 해석했으니, 소리 음가는 거의 찾아 갔다고 봅니다. 19)는 '탈'인데 위의 문자를 거의 정확히 읽어 갑니다. 다만, ㅣ이 [ㄹ] 음가임은 깨닫지 못했습니다.

7. '소'라는 문자를 해석하다

앞에서 했던 규칙을 적용해서 문자가 해독되면 고대 한글의 표기법을 더욱 확신할 수 있겠지요.

1) 日 ← 숗 → 그
         → ㅇ
         → 거
     소 → 소

2) ㅇ̇ → ⊙
      → ㅇ̇
      → ㅇ̇ → 티벳 한글
      → ㅇ̇
      → ㅇ̇

제일 어려운 문자 중에 하나였습니다.
1) 이전에 아래 두 문자는 '거'와 '소'로 해독해보았습니다. 두 번째 문자가 중요한 데 ㅇ 안에 점이 들어가 있습니다. 상형문자로는 당연히 해인 日이지요. 그런데 지금까지 제가 적용한 고대 한글 표기법을 적용한다면, 이 두 번째 문자는 'ㅇ'입니다. 점點이 이번에는 문자 안에 들어갔습니다. 상형문자 日과 같은 모습이 되었습니다. [그아겄소]라는 소리로 해석해보았습니다.
이 문자의 전체 의미는 앞에서도 말씀드렸듯이 '황소'였습니다. 상형과 소리문자가 결합된 복합 문자를 잘 몰랐을 때였습니다. 어쨌거나 '소'라는 문자를 제일 처음 제대로 읽었습니다. 그리고 문자도 옆으로 눕혀야 그 문자의 그림이 제대로 나타납니다.
2) 훈민정음의 아래 아(·) 표기를 여러 측면에서 보여드립니다. 오른쪽 위에 점이 있는 문자는 티벳 한글입니다.

첨수도 연구 중에 ⊙을 찾았고, ㅇ 위의 점도 아라가야 토기에서 찾았기 때문에 점을 이용한 소리 부호 표시는 고조선 전 영역에서 사용하던 문자 표기 방식입니다.

8. '개'라는 문자를 해석하다

소 다음 개도 정확히 읽게 됩니다. 찾다보니 이전에 없는 줄 알았던 ㅈ도 있었습니다.

1) 한글 'ㅈ'을 의도적으로 표현한 명도전 문자입니다.
2) 기본 문자 위에 두 줄 풀처럼 올라온 것을 지금은 [매], [애], [개]나 [미], [니], [기]로 보고 있습니다. 인도 문자 계열은 모음 [애]에서 문자 위에 두 줄 그어 자모음 결합합니다.
3) 이전에 어떤 씨족 표시라고 본 상형문자였습니다. 물론 고대 한글과 상형문자 계열인 한자가 공존하니 상형그림 문자라고 볼 수도 있습니다만, 위에 분명 문자로서 [매]가 있으니 이 표시는 '매(미)' 아래에 '싯'이 있다고 봅니다. 열매 매실의 고대 한국어가 [매싯]이었을까요?

9. 국명 부분을 '해'라 확신하다

1) 오 → 이 → 이 → ㅎ → ㅎ

1) 대문구 팽이형토기에서 나온 문양(문자)에서 명도전의 명明까지

과정입니다.

2) 훼 → ㅋㅎㅋ → ㅎ

3) ㅎ → ㅇ → ㅎ → ㅎ(ㅎ) → ㅎ(히) → 해(해)

2) 조朝의 금문에서 명도전의 명明까지 과정입니다.
3) 고대 한글로 명도전의 눈 모양을 해독한다면, 이렇습니다. ㅇ은 ㅇ이고, 위에 둥근 선 두 개는 바로 한글 'ㅎ'을 나타낸다고 보며, 아래 수평선(혹은 /)은 해를 나타낸다고 봅니다. 명도전의 명明 문양은 상형한자로 보면 명明이고, 고대 한글로 보면 '해'입니다. 히

10. 인도 브라미 문자와 비교하다
: ㅗ을 [ㄴ]으로 확정하다

브라미 문자[1]는 모든 인도 계열 문자의 조상입니다. 한글과 거의 일치하지요. 그 중 ㅗ이 [ㄴ] 음가임을 알게 해 줍니다. 그래서 명도전 문자에서 ㅗ가 [ㄴ] 소리임을 알게 되었고, 세부적으로 문자 해석에 큰 도움이 되었습니다. 또한 모음을 붙일 때, 원문자에 수평선, 수직선을 붙여 모음을 나타냅니다. 명도전에 현 한글 규칙이나 그리스어 알파벳 규칙으로 풀 수 없는 규칙은 이 브라미 문자 규칙을 통해서 풀 수 있습니다. 모든 인도·아랍문자의 조상 문자인 브라미 문자의 최고 기원은 기원전 2000년까지 올라가니 이는 고대 한글 처음 쓰인

---

1) http://www.omniglot.com/writing/brahmi.htm

시기와 거의 일치하고, 명도전 위에 이 문자들이 거의 표현되어진 것은 고대 한글 혹은 브라미 문자 사용의 강력한 증거입니다.

11. 브라미 문자를 통해 자모음 결합을 이해하다
   : 고대 브라미 한글 ㅇ을 중심으로

현재 한글의 ㅇ는 브라미 문자에서 [ㅌㅎ, th]로 읽었습니다. 열매 ㅇ은 영어의 유명한 발음 [ㅂ, v]로 읽었습니다.

브라미 모음 문자 전체를 적어 보았습니다.

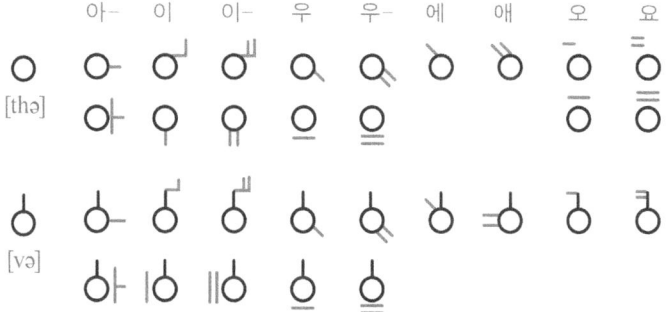

1) ㅇ은 원문자이고, 수평선 ㅡ와 ㅏ는 [아:]를 표현합니다. 원칙대로 하자면 ㅇ에 위 모양새를 붙이는데, 편의상 아래에 ㅣ붙이고 [이:]는 11로 붙인 듯합니다. 특히 [ㅗ]와 [ㅛ]에서는 한글의 ㆆ과 ㅎ이 보입니다.
2) 열매 ㅇ입니다.

12. X 발음은 [ㅋ]이다
: 고대 브라미 한글 C는 [ㅌ, t], 그리고 X와 천ㅊ

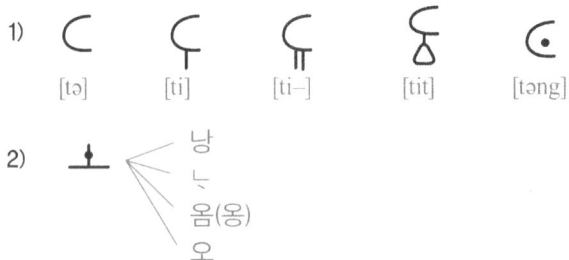

1) C 철자는 브라미 문자에서 [ㅌ]([t] 소리의 하나)로 납니다. C 철자는 [터]로 소리나는데, 이는 고대 한국어 '땅'을 뜻하는 '터'와 고대한자음 토土, 라틴어에서 온 영어 terra[테라]의 공통 시원 소리²⁾입니다. 다음 ㅣ는 문자에 따라 위로 올리기도 하고, 내리기도 합니다. 여기서는 내려서 [티, ti], 두 줄은 긴 음이란 뜻으로 (현 한국어도 장단음이 있습니다.) [티:, ti:]입니다. 인도 계열 문자는 원 자음 문자 왼쪽에 ㅣ를 붙여 단음을 오른쪽에 ㅣ를 붙여 장음을 나타냅니다. 세종께서는 이를 오른쪽에 하나만 붙였습니다. 다음 받침 ㅇ은 이전에 한글처럼 보았습니다. 브라미 문자를 적용시켜보면, ㅇ은 [th] 소리이니 [팃, θ] 정도의 소리입니다. 이전에 한글의 천ㅊ과 동일시해서 아래 아(ㆍ)로 해석했는데, 브라미 문자를 적용하면 받침 [응, ng]입니다. C 안에 점이 있다면, [텅]입니다.
2) ㅗ 안에 점이 있었는데, ㅗ는 브라미 문자에서 [ㄴ, n]발음이니 [낭] 혹은 [넝], [옹]이나 [옴]으로도 볼 수 있기에 참고 자료로 적어 둡니다.

---

2) 박대종, 『나는 언어정복의 사명을 띠고 이 땅에 태어났다』, 대종언어연구소, 1999.

3) Ẍ ┼ | · [킹]
    | [k i ng]
       [ㅋ 이]

3) 이전에 X를 [ㅈ]에 임의로 대응시켜 보았습니다. 이 가림토 문자 X가 방향 회전하여 브라미 문자 ┼ 이 되었다고 보면, [ㅋ] 소리가 됩니다. 아래로 줄을 그으니 [이], 천인 점은 받침 ㅇ, 그래서 [킹]이 됩니다.

이 문자는 수사 후 상형한글로 콩이라 해석했는데, 브라미 한글 소리 음가에 맞추어 [킹]으로 처음 해석하여 상당히 다가가고 있었습니다.

13. 고대 브라미 한글에서 아음牙音과 가림토를 찾아보다

아시아 문자 체계의 아음牙音 5개를 브라미 문자로 적어 보았습니다.

gha ㅛ ㅰ ㅒ ㅖ ㅕ ㅠ ㅍ ㅥ ㅩ

na ㄷ ㅌ ㅍ ㄸ ㄷ ㅜ ㄷ ㅌ ㅌ ㄷ
　　　　　　　　　　ㄷ

X ⊒ O ㄱ ㄴ
十 ㅛ ( ) ∧ ㄷ

특히 十, ∧, 山, ㄷ을 마지막에 가림토 문자와 대조해보았습니다. X, ⊒, O, ㄱ, ㄴ는 방향 전환하면 O을 제외하고, 고대 브라미 한글에 다 들어갑니다.

1) 工 ㅗ ㅛ ㅛ ㅛ ㅗ ㅗ ㅗ ㅗ
　　나- 나- 니- 니- 누- 누- 네 노 나우

2) ㅣ ㅏ ㅑ ㅑ ㄴ ㅌ ㅓ ㅜ ㅠ
　　　　　　　(ㅣ)(ㅣ)(ㄱ)
　　라 라 리 리- 루 루- 레 로 라우

3) ㅗ ㅗ ㅛ ㅛ ㅛ ㅛ ㅛ ㅗ ㅗ
　　　　　　　(十)　　　(工)
　　나 나 니 니- 누 누- 네 노 나우

고대 브라미 한글에서 어려운 문자 3개를 보고 있습니다. 위 문자에는 해독이 어려운 문자가 다 들어 있습니다. 세종의 훈민정음(한글)과 자모음이 완전히 바뀌었으며, 한자로 완전히 인식할 수밖에 없는 工, 王, 土, 干이 다 들어 있지요. 이렇게 인도 브라미 문자는 가림토 표기와 닮아 있는 문자임을 알 수 있습니다.

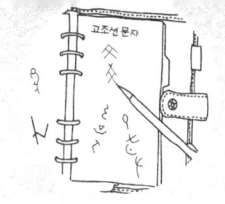

3부 고조선 문자 상세 해석

8장... 고조선 문자 해석 기준

이제 수사를 완료하였습니다. 명도전에 새겨진 문자들은 언(연)나라 상형한자가 아니라, 단군조선의 가림토 상형한글입니다. 또 『한단고기』에 부도문符圖文이라는 그림에 부합하는 문자가 있었다고 기록되어 있는데 이 명도전 위의 문자도 부도문 중의 하나라고 생각합니다. 문자의 해석 기준부터 제시합니다.

1. 문자 해석 기준을 정하다

1) 문자의 규정된 음가보다는 상형하는 사물의 모습을 먼저 따릅니다.
2) 모음 [아] [오] [우] [이]는 수직선과 수평선 하나로 표시합니다.
3) 모음 [아:] [오:] [우:] [이:]는 훈민정음에 숨어 있는 긴 소리로 수직선과 수평선 두 개로 표시합니다.
4) 자음만 제시된 경우는 [아]나 [어] 중간 음이 생략된 것입니다.
   예 C 모양의 문자는 [다]나 [더] 중간 음이지만 [다]라 생각해도 좋다.
5) ㅣ 모양의 문자는 모음 [아] [오] [우] [이] 외에 [ㄹ] 소리로도

나는데, 이 부분을 이해하는 것이 중요합니다. 이는 인도 모든 문자의 조상 브라미 문자에 남아 있어 확인할 수 있습니다.
6) ૪는 [ㅁ] 음가이고, ㅁ은 [ㅂ] 음가입니다. 서로 교환될 수 있습니다.
7) ㄱ 모양은 전 세계 문자 음가 공통으로 [ㄱ] 음가이고, ㅅ은 전 세계 문자 공통으로 [ㅅ] 음가입니다.
8) 초성은 꼭 문자 첫 머리에만 있는 것이 아니라 경우에 따라 위치를 바꿉니다.
9) 乙과 S는 해석하기 어려운 문자라 영어 알파벳을 먼저 배운 분은 [s]로, 상형한자로 먼저 인식하게 되면 을z로 먼저 해석하기 쉬운데, 이는 ㅣ란 모음 [오]를 문자가 상형하고자하는 모습에 맞추어 중간 부분을 휜 모양새입니다. 역시 브라미 문자 기본 모음에 확실히 남아 있습니다.

2. 소위 명도전 위의 문자가 단군조선의 한글인 이유 2가지를 살피다

1) 명도전 위의 문자와 전국시대 연나라 문자가 완전히 다르다

다음 표는 연나라 문자를 무작위로 14개 위아래로 그린 문자이고, 다음 블로그 'civil' 님께서 모은 자료와 비교해보겠습니다. 연문자는 제가 '고조선해말글과 언나라 문자 비교'에 올려둔 내용을 정리했습니다. 비교해 봅시다.

① 『전국고문자전』의 연나라 문자와 현 한자

연나라 문자	左	水	内	馬	魚	月	戊
현 한자	左	水	內	馬	魚	月	戊
연나라 문자	行	戈	硲	國	車	山	米
현 한자	行	戈	硲	國	車	山	米

② 'civil' 님 자료 문자

결론을 말씀드리자면, 연나라 문자와 명도전의 문자는 완전히 문자 모습이 다릅니다. 꼭 중국학자가 아니라도, 한학이나 서예를 하신 분들은 ①의 문자를 거의 읽을 수 있고, ②의 문자는 상형한자의 시각으로는 전혀 읽을 수 없습니다.

2) 명도전 위의 문자는 소리문자다: 한글 음가와 비교한 문자 예

① ⊂나 ㄎ : [ㄷ] 계열 음가

결정적인 자료를 제시합니다. 지금까지 해석한 단어들에 있어 맨 위의 ⊂나 ㄎ 모양새는 [ㄷ]계열 음가에 반드시 규칙적으로 해당합니다. 이는 소리문자인 결정적 증거이며, 더더욱 한국어와 일치되는 것은 더 이상의 의심의 여지가 없다고 봅니다. 그림을 보겠습니다.

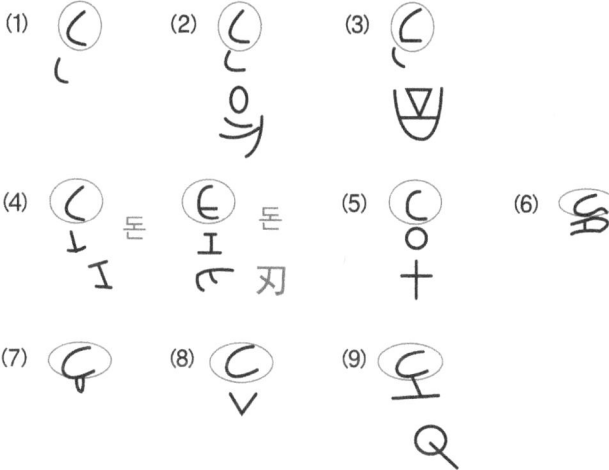

(1) 달月입니다.
(2) 달 월月입니다.
(3) 달빛月光입니다. 아래에서 위로 읽으면 '초승달'로 봅니다.
(4) 돈money, 錢입니다. 앞 문자는 돈다tum의 돈, 뒤 문자는 돈money으로 봅니다.
(5) 독甕器입니다.
(6) 이마입니다.
(7) 혀입니다.
(8) 톱鋸입니다.
(9) 도리깨입니다.

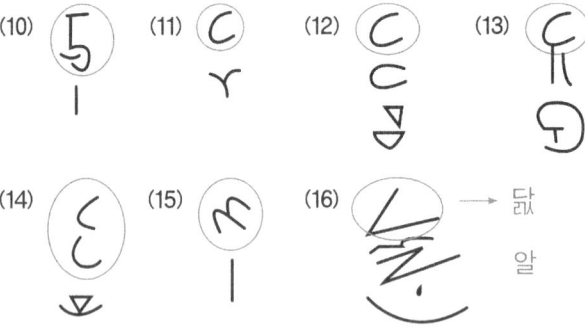

(10) 탈假面입니다.
(11) 들(뜰)庭園입니다.
(12) 돌石입니다.
(13) 토끼兎입니다. 참고로 한자 兎의 음 [토]는 고유어 '토끼'와 같군요.
(14) 땅地입니다. '땅벌'로 해석할 수 있지만, 현재로 맨 아래 문자를 [ㅎ] 음가로 보고, [땋]으로 읽고 뜻은 땅입니다. 왜냐하면 땅의 옛말은 '땋' 혹은 '따'이기 때문입니다. '따 지'地로도 읽을 수 있습니다.
(15) 딸女입니다.
(16) 닭알鷄卵입니다. 혹은『훈민정음』에 따르면, 닭때(酉時)로서 아래 알 모양은 해가 떠오르는 '때'를 나타낼 수 있습니다.

(1)~(3)은 '달'에서 출발해서 단어가 이어지는 모습을 보여드렸고, (4)~(16)은 C 모양의 명도전 위의 문자가 [ㄷ]임을 증명하였습니다. 즉 세종과 집현전 학자들이 C를 ㄷ 모양으로 바꾸었을 뿐입니다.
위 문자 중『훈민정음』제시어는 달, 돌, 담, 땀, 톱, 독, 땅, 닭입니다.

② ɣ : [ㅁ] 음가

C[ㄷ] 다음 ɣ는 [ㅁ] 음가임을 제시합니다. 지금까지 해석한 단어들에 있어 맨 위의 ɣ는 [ㅁ] 음가에 반드시 규칙적으로 해당합니다.

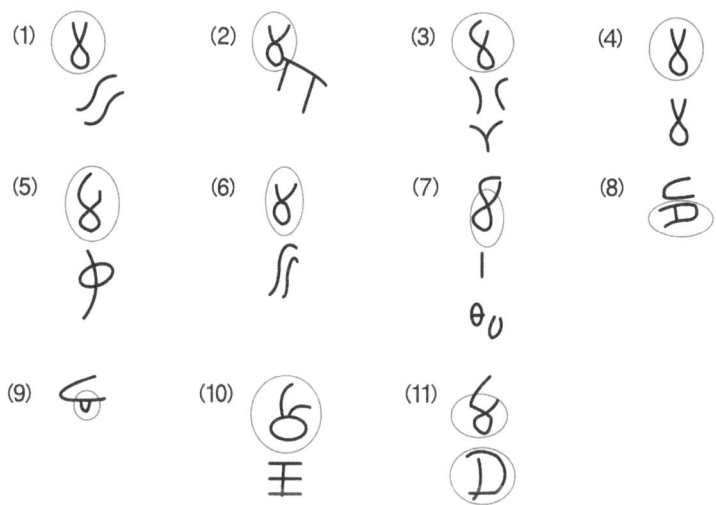

(1) 물水입니다.
(2) 말馬입니다.
(3) 못(연못)池입니다. 아래부터 읽으면 샘입니다.
(4) 매미蟬입니다.
(5) 마차馬車입니다.
(6) 마(서서薯蕷)입니다. 『훈민정음』 제시 단어입니다.
(7) 망치ç; ↑와 못 정釘입니다.
(8) 이마입니다.
(9) 땀汗이라고 생각했지만, '혀'라고 나중에 판단했습니다.
(10) 머리head, 頭입니다.
(11) 몸體입니다.

즉 세종과 집현전 학자들은 ɣ를 'ㅁ'으로 다듬은 것입니다.

8장 고조선 문자 해석 기준 89

③ 수직선 ㅣ과 수평선 ㅡ : [ㄹ] 음가

지금까지 해석한 단어들에 있어 맨 위의 수직선 ㅣ과 수평선은 영어처럼 [ㄹ] 음가에 반드시 규칙적으로 해당합니다.

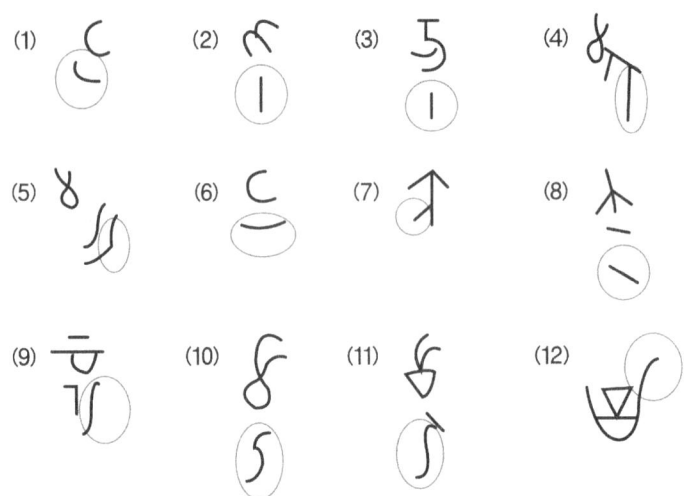

(1) 달月입니다.
(2) 딸女입니다.
(3) 탈假面입니다.
(4) 말馬입니다.
(5) 물水입니다.
(6) 뜰庭園입니다.
(7) 길道입니다.
(8) 솔松입니다.
(9) 흙土입니다.
(10) 별星입니다.
(11) 벼루라고 처음 해석했으나 '먹다'나 '쓰다'라는 동작 동사라고 봅니다.
(12) 잠眠입니다.

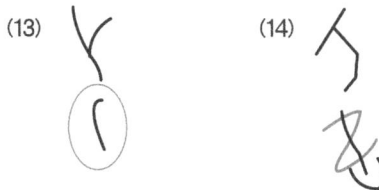

(13) 풀grass, 草입니다.

(14) 그림picture, 畵입니다.

즉 다시 말씀드리자면, 수직 ㅣ은 훈민정음에서 [이] 모음이 되고, 수평 ㅡ은 훈민정음에서 [으] 모음이 되고, ㅣ을 좀 흘린 ㄹ 모양새는 훈민정음에서 [ㄹ]이 됩니다. 훈민정음에서는 ㅣ과 ㅡ을 중성모음에 배당하였으니, S 모양새가 훈민정음 [ㄹ]이 된 것입니다. (14)의 ㄹ을 보시면 확실히 알 수 있습니다.

그래서 그리스로마영어 철자, 대문자 L과 소문자 l 이 [ㄹ] 음가를 가지게 된 것은, 단군조선의 음가로 인한 것, 즉 고조선한국어 영향인 것입니다.

④ ㄱ : [ㄱ] 음가

거의 모든 소리문자에 있어 ㄱ 모양새에 [ㄱ] 음가입니다. 지금까지 해석한 단어들에 있어 맨 위의 ㄱ 모양새는 [ㄱ] 계열 음가에 반드시 규칙적으로 해당합니다.

1) 갈(대)蘆입니다.

2) 끌鏨鋜 혹은 가위scissors입니다.

3) 토끼兎입니다.

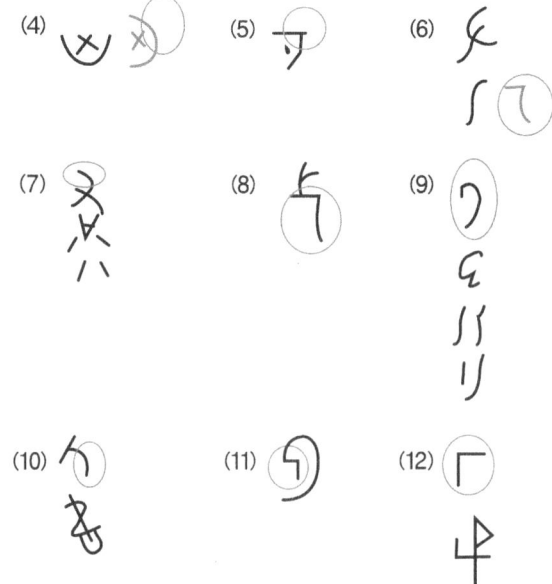

4) 키입니다. 곡식 따위를 까불러 고르는 기구로, 앞은 넓고 평평하게, 뒤는 좁고 우긋하게 고리버들 같은 것으로 결어 만듭니다.

5) 코鼻입니다.

6) 죽粥입니다.

7) 고양이猫(괴)입니다.

8) 개犬입니다.

9) 강江(가람)입니다.

10) 그림畵입니다.

11) 귀耳입니다. 영어 G랑 닮았지요.[1]

12) 까치鵲입니다.

---

[1] 천산 조홍근이 찾은 것.

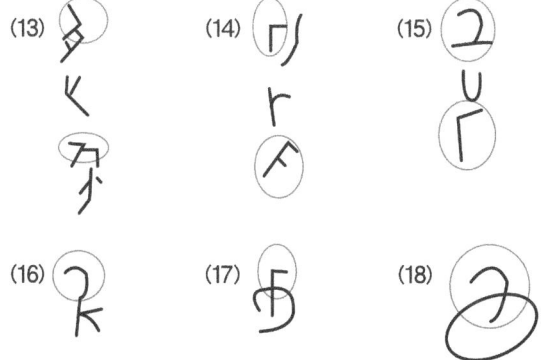

13) 까마귀烏입니다.
14) 갈매기鷗입니다.
15) 기러기鴻雁입니다.
16) 거위鵝입니다.
17) 한새(황새)입니다.
18) 갓입니다.

그래서 단군조선의 'ㄱ' 모양새가 훈민정음의 'ㄱ[ㄱ]'이고 전 세계 소리문자가 'ㄱ' 모양새에 [ㄱ] 음가입니다. 이 모양에는 직선 ㄱ이 많이 있으니, 단군조선 문자 그대로 훈민정음이 되었습니다.

9장... 고조선 문자 구체적 해석

이 장에서는 문자의 구체적 해석을 담겠습니다.

1. 해(태양太陽) 일日, 달 월月, 별 성星, 별 신辰

먼저 눈에 보이는 사물을 해야 하니, 먼저 하늘에 있는 해, 달, 별부터 합니다.

1) 해 일日

해　　일(日)

이 문자는 '해' 혹은 '눈'으로 해석합니다. 하늘에서는 해이고, 사람 인체에서는 눈입니다. 그래서 『흠정만주원류고』에 고조선을 달리 '일지국日支國' 혹은 '목지국目支國'이라 한 것입니다.

2) 달 월月

달   월(月)

이 문자는 '달'에서 ㄷ을 C로 아래 문자 ㄹ을 C로 만들어 달이 하늘에 있는 모습을 만든 것이고, 오른쪽 문자는 '月'의 [월] 음가를 보름달로 그린 것입니다.

3) 별 성星

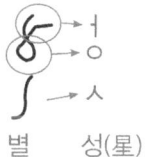
별   성(星)

별의 [ㅂ] 음가는 ㅇ이고, [ㅕ]는 위의 두 줄, 아래 문자는 [ㄹ] 음가를 그린 문자입니다. 여기서 위 문자는 8과 달리 ㅇ과 더듬이처럼 올라온 부분을 분리해서 음가 적용해야 합니다. 아래에서 위로 [성]이 됩니다.

4) 별 신辰 혹은 별자리 좌座

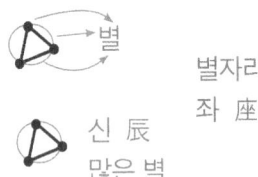

이 문자는 많은 별을 의미하는 [신]이란 음가나 별자리라는 의미를 표현한 것입니다.

2. 바다 해海, 배 주舟, 섬 도島

여러분 신뢰를 얻기 위해 글과 그림이 잘 조화된 바다, 배, 섬을 입증 자료로 먼저 보여 드립니다.

1) 바다 해海

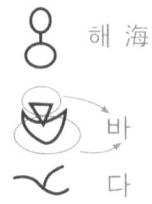

아래 문자는 '바다'에서 '바'는 배로 만들고, 다는 '파도' 모양을 만들고, 위 문자는 '해海'로 해석합니다. 천산 조홍근의 검증을 통해서 확증한 문자입니다. 앞에서 맨 위의 아령 모양을 '현玄, 사絲, 오午, 신申' 한자로 보고, 소리 문자로 [잉]이라 읽어보기도 했습니다. 여기서는 [해]라는 우리 한자음 소리 문자라고 확정합니다.

2) 배 주舟

배라는 문자인데, 아래 문자는 [ㅂ]을 배로 만든 것이고, 위의 두 줄은 [ㆍㅣ] 음가를 표현합니다. 빅는 『용비어천가』,『훈몽자회』에 나온 글자입니다. 이 문자 안에 한자음 [주]가 들어 있다고 봅니다.

3) 섬 도島

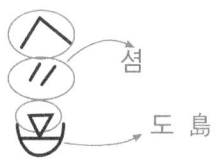

위의 ㅅ은 [ㅅ]이고, 중간은 [ㅕ]이고, 아래는 [ㅁ]인데, 한자음 [도島]가 결합되어 있다고 볼 수 있습니다. '섬'은 『훈민정음』 제시어입니다.

이제 가축을 살펴봅니다.

3. 소 우牛, 말 마馬

1) 소 [쇼] 소   2) 말

1) 소는 '황소'에 있는 문자로 [소:] 혹은 [쇼](『훈민정음』 제시어) 소리 인데, 현 한글과 같아진 것입니다.
2) 말입니다. Ƴ 모양이 [ㅁ] 음가로 말의 얼굴 옆모습을 표현하였고, [ㅏ]와 [ㄹ] 음가로 말의 몸체를 그린 것입니다.

4. 개 견犬, 닭 계鷄, 오리 압鴨

1) 개 견犬

ㄱ은 [ㄱ] 음가이고, 위의 두 줄은 [ㅐ] 음가이면서 개의 귀를 나타 냅니다. 이 문자 안에 '견犬'이 포함되어 있다고 볼 수 있습니다. 이 문자도 결정적인 문자입니다.

2) 닭 계鷄

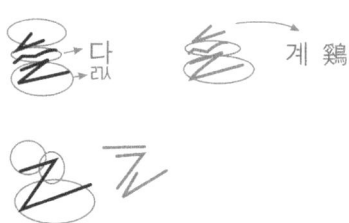

이 문자의 맨 위는 [ㄷ] 음가에 닭 벼슬이고, 중간은 [ㅏ]이면서 닭의 눈 부위이고, Z는 [ㄺ]을 한 번에 표현했다고 봅니다.

3) 오리 압鴨

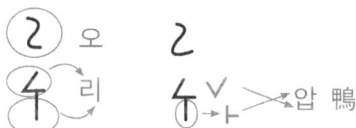

이 문자는 위 문자가 [오] 혹은 [오리]를 표현하고, 아래는 [압]鴨을 표현하는 문자라고 봅니다.

5. 나비 접蝶, 모기 문蚊

고조선 그림문자임을 더 확실하게 증명하기 위해 나비와 모기를 먼저 보여 드립니다.

1) 나비 접蝶

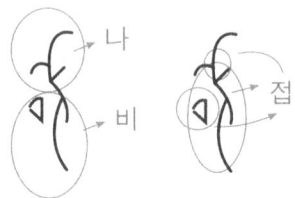

이 문자는 나비의 모습을 표현한 것입니다. 나비 안에 한자 蝶의 음인 [접]도 포함되어 있다고 봅니다.

2) 모기 문蚊

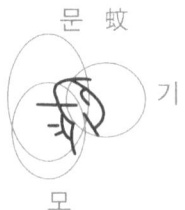

이 문자는 모기를 표현한 것으로 수평선은 모기를 잡는다는 것이고, 발 6개 중 3개는 잡은 모습에 나머지는 잡는 도중에 떨어져버린 모습을 표현합니다.

지금까지는 명도전 위의 문자가 고조선 상형한글 문자임을 확실히 하기 위해서 특정 목록에 포함 없이 나열하였고, 6항부터는 육지 포유류를 제시합니다.

6. 코끼리 상象

이 문자는 원래 세워져 있는데, 세운 상태에서는 읽을 수 없습니다. 옆으로 돌리면, '코끼리'의 모습이 나옵니다.

첫 문자는 [코]이면서 코끼리의 코 부위를, 중간은 [키] 소리에 코끼리 귀를 나타내며, 마지막 부위는 [리]를 나타냅니다.

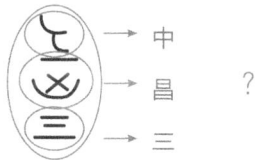

중국학자들은 중창삼中昌三이라 해석했는데, 전혀 연나라 한자가 아닙니다. 이 문자는 맨 아래 三 외에 첫째와 둘째 문자는 한자가 전혀 아닙니다.

그리고 이 당시 코끼리가 있었을까 의심하실 수 있는데 여기 증거 자료를 보여 드립니다.

여씨춘추(呂氏春秋) 고약(古藥)편에 이런 대목이 보인다.
"상나라 사람이 코끼리를 길들여 동이와의 전쟁에 이용했다."
(상인복상, 위학우동이)(商人服象, 爲虐于東夷)
여씨춘추의 기록은 고고학적으로 사실로 증명되었다. 1978년 안양

시 우관춘 북쪽 제사장에서 코끼리가 묻혀 있었는데, 구리방울이 발견되었다. 이때 코끼리는 "가축"이었고, 은나라 지역의 기후가 지금과는 달랐다.1)

그러므로 고조선 선조들은 이미 코끼리를 알고 있었습니다.

7. 납, (원)숭이 원猿

```
ㄴ    ㄴ
⌒ ↓  ↑
ㅇ ㅏ  ㅕ  猿
  ㅂ  ㅇ
  납  원
```

이 모습은 원숭이의 얼굴과 배 부위를 [납]이란 소리 음가 문자로 그림을 그린 것입니다. 문자의 고정된 모습을 넘어, 그 문자가 의미하는 특징을 잘 이해해야 하는 것입니다.

8. 여우 호狐

```
녀  ㄴ    ⌒
ㅕ(ㅣㅣ)  Y
우→ ㅜ(ㅣ)  |
```

여기서 '녀우'라는 문자가 고조선 문자가 되는 모습을 보여드립니

---

1) 김준연, 『고금 횡단 한자여행』, 학민사, 2008, 60쪽.

다. [ㄴ] 음가를 여우의 머리 부위로 [ㅕ] 음가를 여우의 입 주변을, [우] 음가는 여우의 꼬리 부위를 그렸습니다.

9. 쥐 서鼠

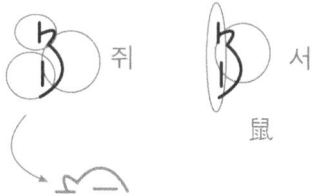

이 문자는 쥐를 나타내는데, 그림만 보아도 당장 알 수 있습니다. 다만 쥐 모양을 알기 위해서는 옆으로 돌려야 합니다. 3 모양은 [ㅈ] 발음이고, 아래 두 줄은 [ㅟ] 발음을 표현합니다.

10. 고양이 묘猫

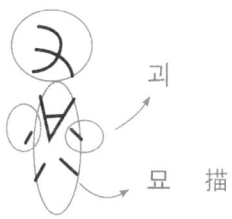

'고양이(괴) 묘猫'라 해석했는데, 고양이의 옛말은 [괴]입니다. 괴의 한자음은 [묘]인데, '괴'는 고양이의 윗부분이 되고, '묘'는 고양이의 전체 몸통이 됩니다. 여기서 한 문자 안에 한글과 고유 한자음이 서로 복합적으로 결합되어 있음을 알 수 있습니다.

11. 토끼 토兎, 귀 이耳

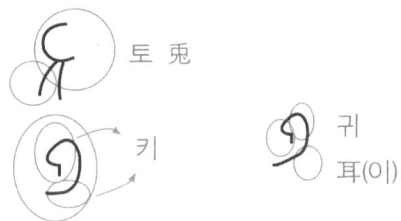

이 문자는 토끼의 모습을 표현합니다. [토] 소리 부분을 토끼를 잡아서 들고 있는 모습 중에 토끼 귀가 늘어진 모습, 아래 문자는 [끼]로서 토끼의 엉덩이 뒷모습을 표현합니다. 천산 조홍근은 이 문자에서 사람 '귀'를 찾았는데, 토끼의 특징이 귀이니 바람직한 해석이라 봅니다. 문자 안에 또 하나의 문자를 찾는 방식입니다.

12. 돼지 돈豚

이 문자 전체 모습은 돼지를 표현합니다. 위 문자는 돼지의 몸통을 아래 문자는 돼지의 꼬리 부분을 표현한다고 봅니다.

13. 곰 웅熊

이 문자의 모습은 앞발을 들고 있는 '곰'을 표현합니다. 위 문자는 곰이면서 곰의 상체를 아래 ㄱ 부분은 [우]이면서 발로 선 부위를 위 상체의 점은 받침 [ㅇ]을 표현합니다.

14. 사슴 록鹿

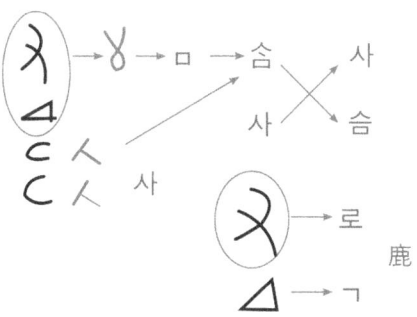

이 문자는 사슴이 무릎 꿇고 있는 모습이라 바로 알 수 있습니다. 아래서부터 [사슴]이라 읽었습니다.

15. 코뿔소(무소)

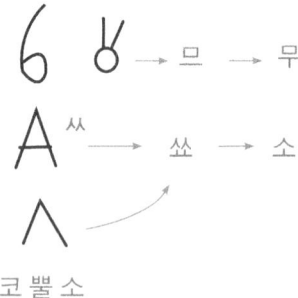

이 문자는 무소인 꼬뿔소를 표현합니다. 중간의 A는 [ㅆ] 음가라고 봅니다. 이 문자를 통해서 고조선은 코뿔소가 살았던 열대 지역임을 알 수 있습니다. 앞에서 코끼리 할 때도 증명했습니다.

16. 사자獅子

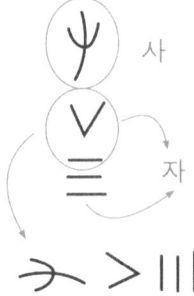

이 문자는 사자의 엎드린 앞부분을 표현합니다. 맨 앞은 [사]이자 사자의 앞발을 표현합니다. 다음 문자는 [자]에 해당하는데 사자의 입과 목덜미의 털을 표현합니다. 코끼리, 코뿔소(무소), 사자는 고조선이 열대지역이었음을 알 수 있습니다.

17. 황소(큰 수소)

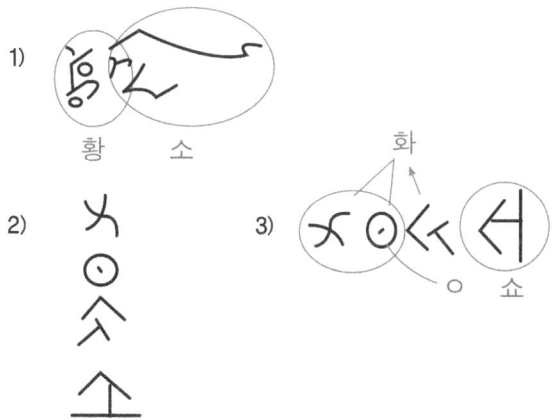

1) 거람 김반석 선생님의 '황소' 글그림입니다.
2) 황소의 고조선 문자인데, 새워져 있습니다.
3) 옆으로 돌리면, 황 부분이 황소의 뿔과 눈 앞부분 몸통이 나옵니다. 뒷부분은 [소]이자, 문자의 중요 의미를 표현합니다.

18. 염소

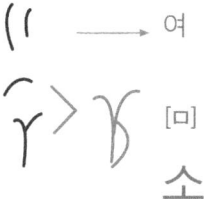

이 문자는 염소의 옆모습을 특징적으로 표현합니다. 뿔 부분은 [여]이고, 아래 [ㅁ]은 풀어져 염소의 눈과 수염이 됩니다. 즉 그림을 그리기 위해 글의 구성을 풀어서 재구성하는 것입니다.

9장 고조선 문자 구체적 해석 107

19. 늑대

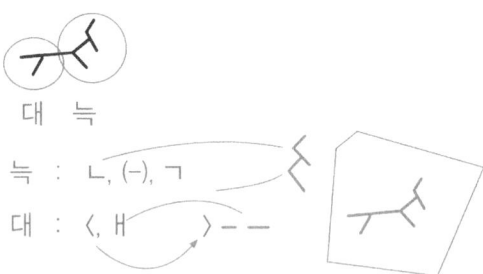

이 문자는 마치 '늑대'를 그린 듯이 완벽합니다. 역시 문자를 풀어서 완전히 그림으로 표현한 것입니다.

20. 노루獐

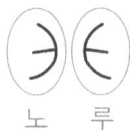

노루의 뿔을 특징적으로 표현한 듯합니다.

21. 범 호虎, 호랑이

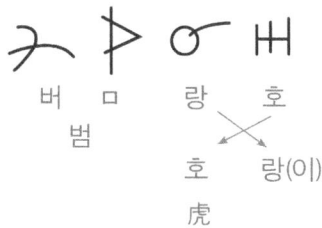

범(호랑이) 호虎인데, 범의 부분은 날카로운 발과 입인데, 호랑이가 사람을 잡아먹으니 호환虎患을 방지하기 위해 입 부위에 줄을 그었습니다. '호랑' 부분은 호랑이의 꼬리와 머리의 표식을 나타냅니다.

22. 기린麒麟

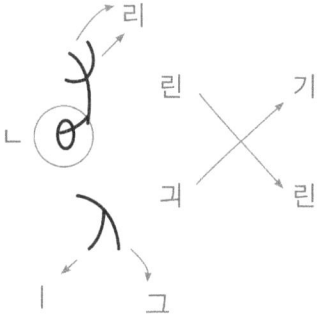

이 문자는 기린이 나뭇잎을 먹는 것으로, 아래 문자는 기다란 몸체를 [기]로 표현하고, 위 문자는 [린]으로 나뭇잎을 따 먹는 기린의 얼굴 부위를 표현합니다.

천산 조홍근 검증

1. 표의문자로 해독할 경우

　해석이 기가 막힙니다. 척 보니 기린이 나뭇잎을 먹는 모습입니다. 나무 가지 바로 아래에 기린의 머리, 몸통은 긴 다리를 가진 동물! 기린이 영락없습니다! 또는 위 글자는 뿔 달린 기린의 머리를 나타내는 것으로도 보입니다.

2. 표음문자로 해독할 경우

　나무 가지는 ㄱ ㅡ ㅣ 의 모양으로 [긔]이고, 몸통과 다리는 ㅣㄹ로 [리]를 나타내며, 머리모양의 ㅇ ㅡ는 [ㄴ]을 나타내는 글자가 되네요. [긔린] → [기린]. 아래 글자는 다리를 주로 그려 [다리]의 [리]로 읽도록 유도한 느낌까지 듭니다.

　이 글자도 전형적인 상형 표의·표음 문자에 해당한다고 봅니다.

　기린(麒麟)은 처음에는 없던 한자인데, 순 우리말에 기린이라는 말이 있었기 때문에 형성문자로 기린이라는 글자를 만든 것이 됩니다. 기린마(驥麟馬)는 천리마를 가리키는 말인데, 상상속의 동물이라고 합니다. 여하튼 위 글자에서 나타나는 기린은 단군조선 시대에 이미 알고 있었던 동물이 됩니다.

[단군조선 기록]

　서기전2109년 (임자년) 마한(馬韓) 근우지(近于支)가 단군의 명을 받고 상춘(常春)의 구월산(九月山)에 가서 삼신(三神)에게 제사를 지내는 것을 도왔다. 10월에 모란봉 중턱에 이궁(離宮)을 세워 천왕이 순수하다 머무는 장소로 삼았다. 3월이 될 때마다 마한으로 하여금 열병하게 하고 사냥하게 하였으며, 16일에는 기린굴(麒麟屈)에서 제천하게 하고 조의를 하사하여 관례를 치르고 가무백희(歌舞百戱)하고 파하게 하였다〈마한세가〉.

- 상춘: 지금의 장춘(長春). 늘봄=눌현=눌견. 백악산아사달. 녹산(鹿山). 난빈(蘭濱)
- 구월산: 상춘에 있는 구월산 제천단이 있는 곳
- 삼신(三神): 천지인 삼신. =천신(天神)
  * 천제(天帝)는 천신의 화신 또는 대행자
- 모란봉: 한반도 평양 부근에 있는 산
- 이궁(離宮): 본궁외 다른 장소에 지은 궁전. 임시 궁전.
- 3월 16일 제천: 단군왕검이 돌아가신 날로 제사를 모심. 마한에서는 기린굴에서 제사를 지낸 것이 됨.

***단군조선 시대 이미 기린(麒麟)이 있었다!!!

23. 낙타駱駝

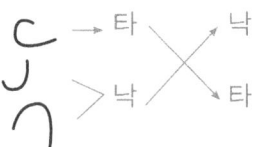

이 모습은 낙타의 전체 모습을 표현합니다. 그런데 전체 낙타 그대로의 모습이 아니지요. 이는 [타] 부위는 낙타의 얼굴, 중간의 [ㄴ] 부위는 낙타의 등 혹 부위를 특징만 표현합니다. [ㄱ]은 낙타의 뒷다리 부위입니다. 혹은 '타락'으로 낙타의 젖를 동시에 표현하기도 합니다.

24. 나귀

이 문자는 나귀가 길을 가다가 가지 않으려고 하는 모습을 표현합니다. 위의 부분은 나귀의 귀 부분과 고삐를 표현하고, 아래 부위는 나귀의 등에 실린 물건을 표현합니다.

25. 너구리와 오소리

『훈민정음』「용자례」2)에 '러울(너구리)'이 나옵니다. 『선진화폐문자편先秦貨幣文字編』3)의 제명도齊明刀라고 되어 있는 곳에서 찾았습니다. 이 문자를 보면, 완전히 동물 그림입니다. 절대 언䁔나라(연나라) 문자의 상형 글자가 아님을 확실히 알 수 있습니다.

26. 삵(괭이)

위의 문자는 살쾡이의 전체 모습을 표현하고 있고, 아래 문자는 [이] 음가에 먹을 작은 동물을 표현합니다.

---

2) 이 장에서 이후에 『훈민정음해례본』(줄여서 『훈민정음』)에서 발췌한 예시 단어는 별도의 표기가 없는 이상 모두 「용자례」에 실려 있는 것이다.
3) 오량보(吳良寶), 『선진화폐문자편(先秦貨幣文字編)』, 福建人民出版社, 2006, 305쪽.

27. 개미핥기

개미핥기는 개미핥깃과의 포유동물로서 라틴 아메리카에 분포합니다. 깊은 숲 속에 살며 앞발톱으로 개미집을 파헤쳐 긴 혀로 개미를 잡아먹습니다. 조그만 θ 는 [개미], 나머지 문자는 [핥기]로 해석합니다. 고조선 혹은 그 이전의 만주 한반도는 열대 기후임을 알 수 있습니다.

28. 새鳥

여기서 부터는 조류鳥類입니다.
 이 문자에서 아래 ▽는 [ㅅ] 음가이고, 위의 문자는 [ㅐ]인데, 새가 아래서 위로 나는 모습을 표현했습니다.

29. 병아리(비육)

『훈민정음』에 보면, 병아리의 옛말은 '비육'입니다. 이 문자는 분명 어린 새, 병아리를 표현하고 있습니다. 이 그림 문자가 언鄢(연)나라 문자일 수가 없으며, 더구나 『훈민정음』에 적어 두었기에 더 확실합니다. 병아리의 얼굴 부위가 [비], 아래 부분이 [육]입니다.

30. 부리

'부리'라는 문자를 정말 새의 부리처럼 만든 문자입니다. 누구나 공감할 수 있는 문자입니다. 새의 부리 그림과 문자 '부리' 한글이 일치하는 절묘한 문자입니다.

31. 날개翼

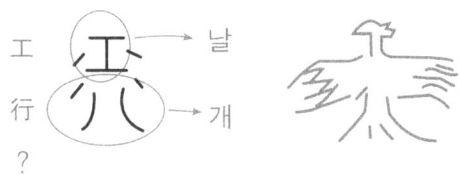

중국학자들은 '工行'이라 해석하고 있습니다만, 이는 분명히 새의 날개를 상형하는 문자입니다. 학자들이 이 문자를 해석 못하는 이유는 工가 [ㄴ] 음가임을 모르기 때문입니다.

32. 꼬리

이 문자는 '꼬리'라는 문자를 가지고 꼬리라 상형하고 있습니다. 꼬리의 옛말 '쇼리'는 『월인석보』에 나옵니다.

33. 깃

이 문자는 새의 깃(날개)을 상형으로 표현한 것입니다. 그리고 새의 집이란 '깃(巢)'도 될 수 있습니다.

34. 새 새끼

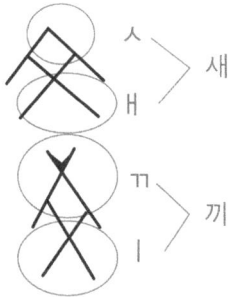

이 문자는 재미있는 문자입니다. 앞에 엄마 새가 날고, 뒤에 입이 조금 나온 새끼 새가 날고 있습니다. 아래 문자 입 부분이 조금 진하게 있어 주물로 문자를 완벽하게 표현한 능력이 재미있기도 하고 놀랍습니다. 이 문자를 보면, 동물의 새끼는 새의 새끼가 의미 확대되었음을 알 수 있습니다. 『선진화폐문자편』4)에 나오는 문자인데, 제가 중국학자들이 읽지 못한 문자를 읽은 것입니다.

35. 기러기 안鴈

『훈민정음』에 나오는 예시 문자인데, [그력](기러기)을 기러기 모습으로 표현한 것입니다. '그'는 그이고, 중간의 U는 [려]이고 아래 ㄱ은 [ㄱ] 음가입니다.

---

4) 위의 책, 292쪽.

9장 고조선 문자 구체적 해석 117

36. 거위

이 문자는 [거위]라는 소리를 풀어서 완전히 거위 모습으로 만든 것입니다.

37. 까치鵲

까치의 옛말은 '가치'입니다. ㄏ는 [가]이면서 까치가 까치집에서 날아오르는 모습입니다. ㅏ은 [ㅊ, chi] 음가에 까치집입니다. ㅡ은 [이] 음가입니다.

38. 매 또는 부채

이 문자는 '매'이자 '매 사냥'이라 읽을 수 있습니다. 아래에서 위로 '부채'라고도 읽을 수 있습니다.

39. 두루미鶴

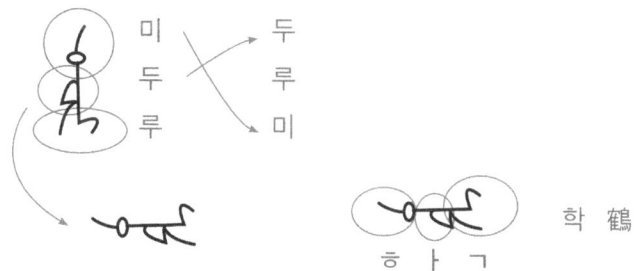

중국학자들은 '제명도齊明刀'라 하지만, 어떤 문자인지 해석 못합니다. 이 아름다운 문자는 두루미를 표현한 것입니다.

40. 황새

황새의 옛말은 '한새'였습니다. [ㅎ] 음가는 한새의 몸통이 되고 아래 [ㄴ] 음가는 한새의 얼굴과 목 부위가 됩니다.

41. 참새

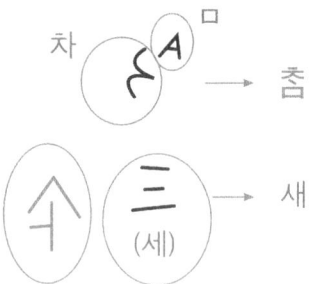

이 문자는 상당히 어렵습니다. 이두吏讀·吏頭 문자가 포함되어 있기 때문입니다. ℰ은 [ㅊ, ch]로, 그리고 작은 ∀은 [ㅁ, m]로 음가 해석합니다. ℰ은 몸통이고, 작은 ∀은 참새의 눈 모양을 표현합니다. 三은 참새가 나란히 앉아 있다는 의미입니다. 참새의 옛말 '춤새'는 『번역소학』에서 찾았습니다.

42. 제비燕

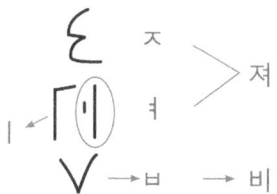

제비의 옛말은 '져비'입니다. 『훈민정음』을 통해서 이 문자를 알 수 있습니다. 'ε'은 [ㅈ, j]는 제비가 나는 모습을 보여 줍니다. 중간은 [ㅕ, yeo] 소리입니다. 'V'은 [ㅂ] 소리이고, 제비의 꼬리를 의미합니다.

43. 까마귀烏

까마귀의 옛말은 『용비어천가』에 의하면 '가마괴'입니다. 'ㄲ' 문자는 [가, ga, kka] 음가인데, 까마귀가 나는 모습입니다. 중간은 [마]라는 음가를 새의 발 모양처럼 표현합니다. 마지막 문자는 [괴]로서 까마귀가 땅에 앉은 모습을 표현합니다.

44. 고니(백조)

곡 鵠

이 문자는 백조라는 고니입니다. [고니]의 옛말은 [곤]이고 한자음은 [곡]鵠입니다. [곤]이란 소리 음가에서 ㄱ과 ㄴ을 붙여 옆 몸통을 만듭니다. 아래 ㅣ은 [ㅗ] 음가입니다.

45. 갈매기

갈매기의 옛말은 『분류두공부시언해』에 의하면 '굴며기'입니다. 맨 위 문자와 중간 문자는 바다를 나는 갈매기 두 마리를 표현합니다. 맨 아래 문자는 파도를 표현합니다.

46. (독)수리

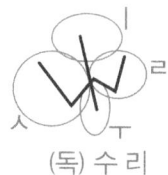

(독) 수 리

이 모습은 누가 보아도 수리가 땅으로 내려오는 모습을 그렸다고 봅니다. 이 문자는 '수리'라는 문자로 수리의 그림을 그린 것입니다.

47. 부엉이와 올빼미

이는 부엉이와 올빼미를 표현한다고 봅니다. 문자가 바로 새 그림입니다. 『훈민정음』에는 '부헝'이라 표기되어 있습니다.

---

5) 위의 책, 304쪽.

48. 딱따구리

위 문자가 딱인데, 딱따구리가 나무를 쪼기 위해 고개를 뒤로 젖힌 모습입니다. 두 번째가 [따], 세 번째가 [구], 마지막이 [리]입니다. 두 번째 [따] 모습은 딱따구리가 파낸 구멍 같습니다. 옛말은 『동의보감』「탕액편」에 의하면 '댓뎌구리'입니다.

49. 누에와 벌레

이제부터는 곤충 종류를 시작합니다.

∪는 [ㄴ] 음가입니다. \는 [ㅜ] 음가이지요. \ㆍ은 [에]음가입니다. 집에서 실을 뽑기 위해 기른다면, [누에]이고, 일반적으로는 [벌레]입니다. 옛말 '벌에'는 『석보상절』에서 찾았습니다.

천산 조홍근 검증

1. 표의문자로 해독할 경우

누에는 입과 애벌레인 주름과 검은 점 또는 뽕잎을 먹고 난 후 남기는 똥이 가장 특징적입니다. 누에의 형상을 그린다면 아마 위 그림과 같이 된다고 봅니다. 머리는 입을 그리면서 위로 터지게 그린 것은 누에는 뽕잎을 갉아먹고 난 후 잠을 잘 때 머리를 쳐들고 잡니다. ㄴ모양을 변형시킨 것이 바로 이것입니다. 그리고 애벌레이니 당연히 주름이 있지요. ㅡ를 변형시킨 것입니다. 또 누에는 깁니다. 그래서 ㅣ를 변형시켜 그린 것이 됩니다. 마지막으로 검은 점은 아마도 누에의 검은 점보다는 똥을 그린 것으로 봅니다. 이상으로 종합하면 영락없는 누에 모양의 글자입니다. 즉 누에의 상형 표의문자입니다.

2. 표음문자로 해독할 경우

위로부터 [느ㅣㆍ]로서 [느이아]가 되며, [느이애]로 변음되고, 다시 [늬애] 또는 [느애]로 변하고 [뉘애] 또는 [누애]로 변한 것이 아닌가 싶네요. 또는 [느아]로 읽게 되면 발음이 변하여 [누아]가 되고 [누에]로 변음될 수도 있다고 봅니다. [아]는 [아이]의 사투리이기도 하지만 원어로 봅니다. 참고로 [누] 또는 [뉘]는 잠자다는 의미가 있지요. '눕다', '누이다'와 준말인 '뉘다'! 신라매금이라 할 때 매금(寐錦)은 [누임금]으로서 [늠금]이며 [임금]의 이두식 표기로 생각하고 있습니다.

한편, 누에의 사투리로 [누베]가 있는데, 이는 [눕애]로서 [누ㅂㅐ]가 되고 [누]+유성음[ㅂ]+[ㅐ]가 되며, 변음되어 [누애]가 되어 [누에]가 된 것으로 봅니다. 아마도 누에의 고어가 [눕애]인 것으로 추정되는데, 이는 '누워(눕-어) 있는 애벌레'란 뜻이 되겠죠.

누에를 의미하는 한자 蠶은 [잠]인데, 누에는 잠이 생명이며, 만약 일정한 잠을 자지 않으면 좋은 고치가 완성되지 아니하게 됩니다. 하늘이 내린 벌레라는 누에는 [잠]을 잘 자야 되는 벌레입니다.

50. 굼벵이

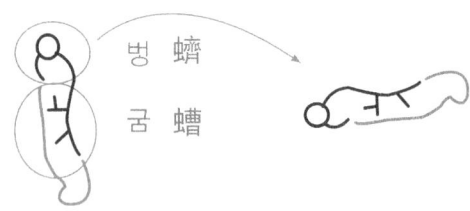

제명도齊明刀 안에 있는 문자라고 중국학자들은 주장합니다. 그러나 이도 『훈민정음』에 있는 단어로 굼벵이를 표현합니다. 표기는 '굼벙'입니다.

51. 개미

중국학자는 中이라 해석합니다. 그런데 이는 아무리 보아도 도무지 중이란 한자가 아닙니다. 이는 개미의 모습을 특징적으로 표현한 것입니다. Γ 부분이 [ㄱ] 소리 음가이며 개미의 더듬이를 표현합니다.

52. 거미(독거미줄)

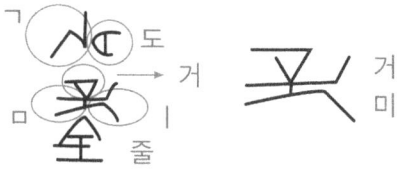

맨 위의 문자는 [독]이란 소리에 독침 모양을 표현하고, 중간은 '거미'라는 문자를 거미에 맞추어 그린 것이고, 맨 아래는 '줄'이란 문자로 거미줄을 표현합니다. 그래서 이 문자6)는 '독거미줄'을 고조선 상형한글로 표현한 것입니다.

53. 벌

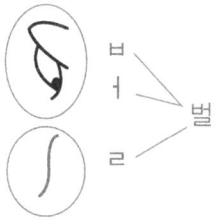

역시 中이라고 하는 항목에 들어 있는 문자이지만, 도무지 中으로 읽을 수 없는 문자를 中이라고 우깁니다. 중국학자가 중을 ㅂz이라 해석했는데, 을z 항목에 아래 문자가 안 보입니다. 임시로 아래에 ∫를 배정해서 벌bee이라 해석해 봅니다. 즉 벌의 침이 있는 부분을 특징적으로 표현하였다고 봅니다.

---

6) 화광보(華光普), 『중국고전대집(中國古錢大集)』, 호남인민출판사, 2004, 甲, 94쪽.

54. 참벌(꿀벌)

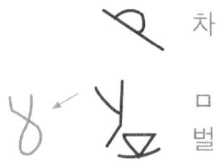

　참벌입니다. 지금 한글로는 잘 모르는 단어입니다. 이 단어는 맨 아래 '벌' 모양의 단어에서 유추했습니다. 맨 위 P 모양은 [ㅊ] 음가라고 까치에서 찾았습니다. 그리고 y자의 정체는 까마귀, 갈매기 할 때 했습니다. ४를 줄여 나는 모습을 표현했습니다. 그러면 [참벌]이 나옵니다. 국어사전을 찾아보면, 참벌은 꿀벌이라 되어있습니다.
　다시 y 부분을 보니, 나뭇 가지입니다. 벌 모양이 나뭇가지 가까이 가있습니다. 참벌(꿀벌)이 꽃이 달린 나무에 앉아 꿀을 빠는 모습이며 위의 P는 비스듬히 눕혀 있습니다. 이는 벌집이거나 꿀벌 통입니다.
　더 놀라운 것은 이 문자를 해독하기 전에는 그림의 의미가 나타나지 않고 고대 한글 해석법으로 읽어야만 풀리는 문자라는 것입니다.

55. 메뚜기

왼쪽 그림을 처음에 메뚜기라 읽었는데 다시 사람의 [목]이라고도 읽어 봅니다. 오른쪽 문자는 메뚜기의 얼굴 부위 모습을 표현하고 있습니다. 이 오른쪽 문자를 중국학자들은 中이라고 하는데, 이는 견강부회한 해석입니다.

56. 반디 형螢

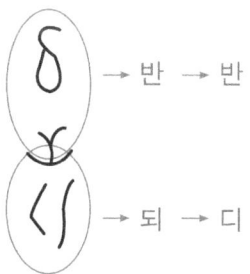

『훈민정음』 제시어는 '반되(螢)' 즉 반딧불이이자 개똥벌레입니다. 이전에 맨 아래 문자를 반달곰 다리로 보고 '반달'이라 해석한 단어입니다. 이 단어는 『훈민정음』에 의거한다면, 반디입니다. 반의 [ㅂ]은 반디가 불을 켜고 있는 모습을, 아래 [ㄴ]과 모음 하나 부분은 '풀'이 난 모습을, 맨 아래 모습은 '계곡'을 표현하는 듯합니다.

57. 전갈

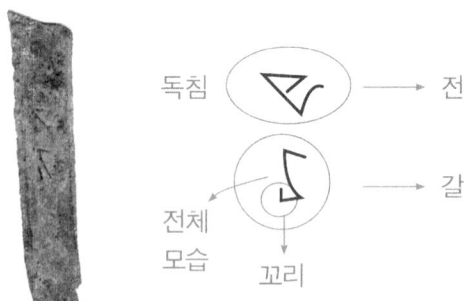

위 문자는 전갈의 독침 꼬리 부분인데, [전] 소리를 의미합니다. 아래 문자는 전체 문자로서 [갈] 음가이면서 전갈의 전체 모습을 나타냅니다.

58. 지네

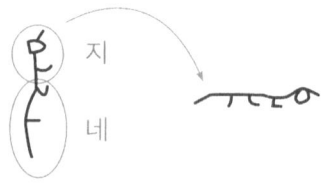

제명도齊明刀라고 하는 화폐에 새긴 그림 문자인데, 지네입니다. 이것은 그냥 지네를 그리신 것입니다.

59. 사마귀

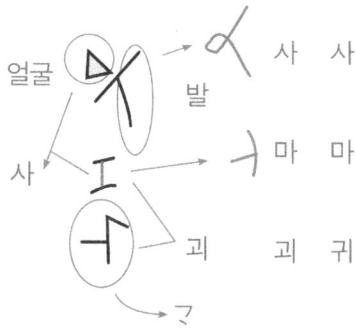

'ㅿ'는 [사, sa] 음가이자, 사마귀 얼굴입니다. ㅼ는 사마귀의 두 손을 표현합니다. 두 번째는 먹이가 되는 작은 곤충입니다. 마지막은 [기] 소리 음가에 식물 전체를 표현합니다.

60. 매미

위 문자는 [매]이면서, 매미가 나무에 붙은 모습입니다. 아래 문자는 [미]로, 매미가 나무에서 날아가는 모습을 표현합니다.

61. 잠자리

잠자리의 옛말은 『두시-초』에 의하면 '존자리'입니다.

```
구름  ⟨♡⟩      ㅌ         ㅈ      존   잠
산    ⟨⋊⟩      ㅗ         ·       자   자
잠자리 ⟨ㅠ⟩     3         ㄴ      리   리
              ㄴ         자
              ㅣ         ㄹ
                         ㅣ
```

이 문자들은 반드시 문자 해독이 되어야 그 모습이 나타납니다. 현 한글 순서에 맞추어 오른쪽에 문자를 나열해보았습니다. 잠자리라는 소리는 나타낼 수 있지만, 그 형상을 표현할 수는 없습니다. 그래서 구성 자모음을 모아 맨 위에는 ℰ과 3을 붙여서 구름의 모습을 표현하고, 다음 문자는 산을 맨 아래는 잠자리가 나는 모습을 표현했는데, 작은 잠자리는 아래에 ㅣ으로 표현하고, 눈에 가까이 나는 잠자리는 ㅠ로 표현했습니다. 하늘에서 잠자리가 구름이 흐르는 산 주위에 나는 모습을 입체적으로 표현했습니다.

62. 개구리와 올챙이

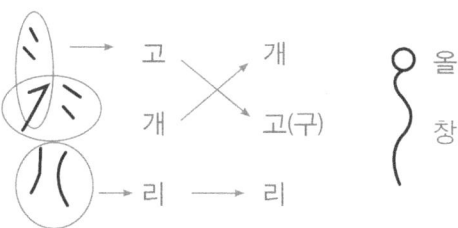

중간은 첫 글자 [개], 얼굴이 [구], 아래 부분이 [리]입니다. 이 문자에서 맨 위는 개구리 앞다리 한 쪽을 표시한다고 봅니다. 중간은 몸통을, 맨 마지막은 쭉 뻗은 뒷다리라 봅니다.

오른쪽 문자는 『선진화폐문자편』7)에 나오는 문자로 올창, 즉 올챙이입니다. 중국에서는 제나라 명도에 있다고 주장하나 중국학자들은 해석 못 하고, 제나라 문자도 아닙니다. 이는 올챙이 그림을 그리신 것이고, 『훈민정음』에 '올창(과두蝌蚪)'으로 표현되어 있습니다.

63. 두꺼비(두텁蟾蜍)

『훈민정음』제시어는 두꺼비인 '두텁'의 섬여蟾蜍입니다. 위 문자가 전체적으로 두꺼비를 표시하는 문자입니다. 생활 도구로는 '디딜방아'가 되기도 합니다.

---

7) 오량보(吳良寶), 앞의 책, 314쪽.

64. 뱀 사蛇

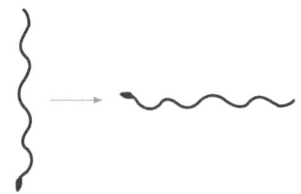

　이 문자는 『선진화폐문자편』8)에 나오는 문자인데, 세워 두면 무엇을 표현한 것인지 모릅니다. 옆으로 돌리면 바로 '뱀'이라는 것을 누구나 알 수 있습니다. 머리는 조금 들려 있고, 꼬불꼬불한 몸에 꼬리까지 있습니다. 이 문자를 제명도齊明刀라고 중국학자들은 주장하고 있은데, 해석도 못하고 있습니다. 이 문자는 눈에 보이는 대로 '뱀'일 뿐입니다. 특히 『훈민정음』 제시 단어로서 'ᄇᆞ얌(蛇)'이라 표현되어 있습니다.

65. 거머리

　이 문자는 거머리를 표현합니다. '거' 부분은 거머리가 사람 피부에 닿아 있는 모습이고, '머'는 거머리의 입 부분이거나 거머리를 땐 후 피가 나오는 모습, 마지막은 [리] 음가입니다. 이 당시 거머리의 크기

---

8) 위의 책, 305쪽.

도 지금보다 훨씬 컸으리라 예측합니다.

66. 거북이 구龜

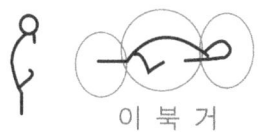

『선진화폐문자석독대자전』9)에 있는 문자입니다. 거북이는 당연히 있었겠지요. 저는 이 문자를 눕혀서 거북이라 해석했습니다.

67. 약 구벽龜鼈

처음에 '자라'라고 읽은 문자는 [약]인 바다거북의 하나인데, 이는 한자음으로 [구벽]龜鼈이라 합니다. 역시 『훈민정음』에 나오는데 이 해례본이 보물 지도였습니다.

---

9) 왕굉(王宏), 『선진화폐문자석독대자전(先秦貨幣文字釋讀大字典)』, 천진고적(天津古籍), 2006, 141쪽.

물속의 생물을 보겠습니다.

68. 물고기 어魚

이 문자도 『선진화폐문자편』10)에 있는 것으로, 세워져 있었는데 옆으로 돌렸습니다. 심지어 중국학자는 맨 위 문자를 쓔라고 해석하지만, 이는 전혀 쓔라는 문자가 아니고 [어]라는 한글 자모입니다.

69. 가시 극棘

『선진화폐문자편』11)에 역시 중국학자가 모른다는 명도明刀 단어입니다. 이는 생선 가시를 표현하신 것입니다. 왼쪽에서 읽어도 '가시', 오른쪽에서 X를 [ㄲ] 음가로 두고서도 가시라고 읽을 수 있습니다.

---

10) 오량보(吳良寶), 앞의 책, 75쪽.
11) 위의 책, 288쪽.

70. 고래 경鯨

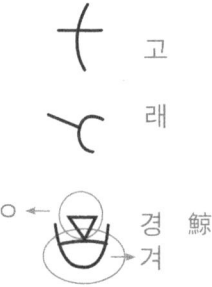

이 문자는 배를 타고 가서 만나는 바다 동물을 만나는 모습입니다. 첫 번째 문자는 [고]이면서 고래가 헤엄치는 모습을 보여줍니다. 두 번째 문자는 [래]로서 고래가 숨을 쉬는 모습을 표현합니다. 혹은 반대로 위 문자를 [래], 두 번째 문자를 [고]라고 읽을 수도 있습니다. 마지막 문자는 [경]鯨이면서 배를 표현합니다.

71. 상어 沙魚

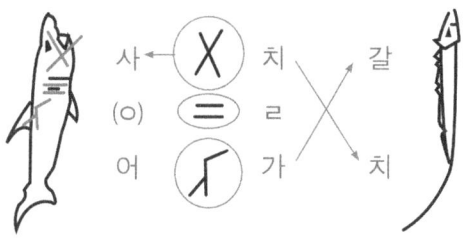

이 문자는 '사어(상어)'입니다. X는 [사] 음가이고 상어의 주둥이 부분을 표현합니다. ㄹ는 모음 음가 이면서, 상어의 숨구멍입니다. [어]는 상어의 지느러미를 표현합니다. 혹은 갈치를 표현했다고 볼 수도 있습니다.

72. 새우

이 문자는 한눈에 '새우'라고 봅니다. 새우의 뒷모습을 표현했다고 봅니다. 이는 새우를 많이 잡고자하는 풍어 의식과 등 부위보다 배 쪽이 특징을 잡기 좋아서입니다. 『훈민정음』에 제시된 단어로서 『선진화폐문자편』12)에서 찾았습니다. 물론 중국학자는 이를 해석하지 못하고 있습니다.

73. 가재

이 문자는 '가재'입니다. [가] 부분은 가재의 앞 다리 부분이고, [재] 부분은 가재의 몸통 부분을 표현합니다.

---

12) 위의 책, 290쪽.

74. 게

게

이 문자는 '게'입니다. '게'의 뒷모습을 보고 그린 것입니다. 왼쪽의 돌출 부위는 게의 집게를 표현한 것입니다. 『선진화폐문자편』[13])에 나오는 문자입니다. 중국학자는 이 문자를 중행中行으로 해석하지만, 이는 잘못된 해석입니다.

75. 조개 패貝

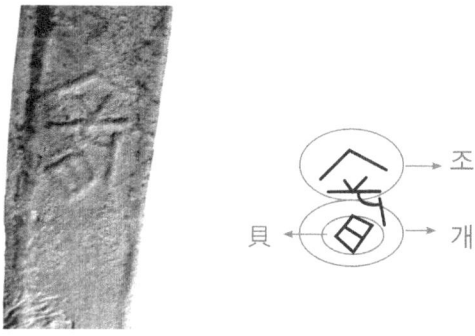

방향은 제가 돌렸습니다. 맨 위의 ㅅ은 조개껍질을 표현합니다. 아래 ㅗ와 결합해서 [조]가 됩니다. 아래는 조개 속을 들어 낸 모습입니다. 이 부분이 [개]를 나타냅니다. 맨 아래 日의 마름모꼴은 한자

---

13) 위의 책, 251쪽.

조개 패貝를 상상하게 하고, [패]라는 음가를 표현합니다.

76. 오징어

이 문자는 오징어를 표현합니다. 오징어의 옛말은 『사성통해』에 의하면 '오중어'인데, 오징어의 눈 부위를 점으로 하고 발음에서 '중'의 받침인 열매 ㆁ에 해당합니다.

77. 가오리와 꼬리 미尾

가오리까지는 확실하고 아래 모양새가 '얼레'도 되면서 꼬리도 됩니다. 그래서 꼬리 미尾를 찾았습니다.

78. 미꾸라지

위의 두 문자는 논도랑을 표현하며, 소리는 [미꾸]입니다. 세 번째 문자는 풀인데, 음가는 [ㄹ]입니다. [라]이지요. 마지막 문자는 미꾸라지 자체인데, 좀 굵게 그려서 이 생물을 가리킨다는 것을 보여 줍니다. 풀인 r이 서양에 건너가 [ㄹ, r] 발음이 된 것은, 단군조선의 발음 때문입니다

79. 해파리

이 문자는 『선진화폐문자편』14)에 나오는 문자입니다. 해파리를 표현했다고 봅니다. 음가를 많이 축소해서 그림 문자에 반영했습니다.

---

14) 위의 책, 315쪽.

80. 문어, 낙지

『선진화폐문자편』15)에 나오는 문자입니다. 낙지나 문어를 표현한 듯합니다.

81. 굴 여蠣

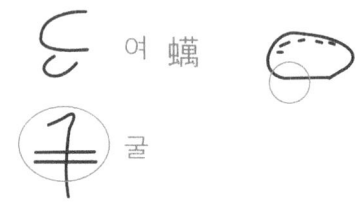

이 문자는 삶의향기 님께서 소장한 자료 중의 하나입니다.16) 중국에서는 중中 이천=干이라 해석했습니다. 이천=干이야 그럴 수 있지만, 위 문자는 中이 전혀 아니지요. 이 문자도 글을 읽어야 그림이 나타납니다. 아래 문자는 [굴]oyster입니다.

ㄱ이 문자 해석의 첫 열쇠입니다. =은 굴 껍질 사이를 표현합니다. 굴 까는 도구로 껍질을 까면, 여蠣라는 굴 껍질 안쪽에서 굴이 나온다는 뜻입니다. 역시 굴의 반쯤을 표현한 것입니다.

---

15) 위의 책, 251쪽.
16) daedoow, 「중국의 다양한 명도전」, 다음 블로그 〈삶의 향기(http://blog.daum.net/daedoow/8022710)〉.

이제 자연自然에 해당하는 단어들을 보겠습니다.

82. 물 수水

이 문자는 물의 옛말 '믈'을 물방울 모습으로 표현하고, 아래 흘러가는 물 모양으로 [수] 음가를 표현한다고 봅니다.

83. 샘과 못

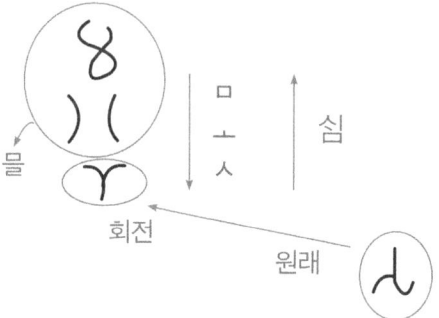

이 문자는 아주 특별합니다. 문자가 자연의 이치를 그대로 반영했기 때문입니다. 그리고 『훈민정음』에 '심'으로 제시한 단어이기도 합니다. 못은 물이 위에서 아래로 흘러 내려오니 문자도 위에서 아래로 읽습니다. 샘은 물이 아래에서 위로 솟아나니 문자도 아래에서 위로 읽습니다. 자연 현상을 문자에 반영한 고도의 지적 작품입니다.

84. 불 화火와 횃불

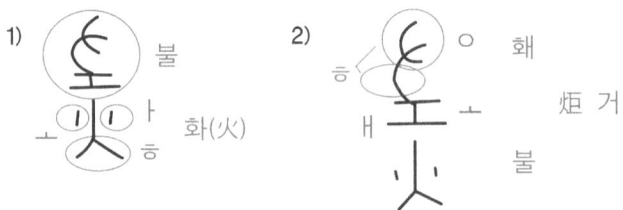

1) 위의 문자는 [불]이고, 아래 문자는 [화] 소리이면서 火라는 상형한자를 나타냅니다.
2) 횃불이라고 한 단어처럼 읽을 수도 있습니다.

85. 무지개(천궁츳弓)과 활(화살)

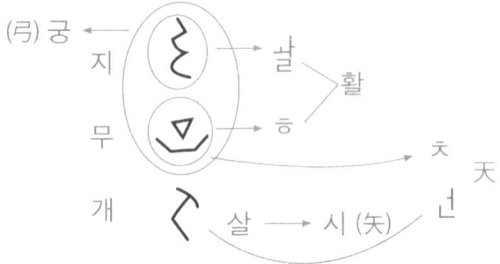

이 문자는 '무지개'를 표현합니다. 맨 위 문자가 하늘에 걸린 무지개입니다. 무기로는 활이 됩니다. 중간은 [무] 음가에 무지개를 보고 환호하는 사람의 모습을 표현합니다. 맨 아래는 [개] 음가이자, 화살의 [살] 음가이기도 합니다.

86. 바람 풍風과 바랄 길吉

1) 처음에 바람wind과 바람wish을 같이 읽었습니다.
2) 위에 줄이 하나 있는 문자는 위에서부터 [바람]으로 아래서부터 [풍]風으로 읽어 봅니다.
3) '바라다'의 문자는 『선진화폐문자편』17)의 중길中吉에 나옵니다. 번호는 3263입니다. 아래 문자를 吉에 맞춘 것으로 보아 이 문자를 [바람]吉으로 해석해 봅니다.

---

17) 오량보(吳良寶), 앞의 책, 27쪽.

87. 비 우雨, 보슬비와 이슬비

맨 위가 '비'의 단군조선 문자인 'UI'를 비가 내리는 모양으로 풀어 놓은 것입니다. 맨 아래가 소리문자로서 [보]입니다. 중간은 [슬]을 표현하는데, 도롱이를 입은 모습을 나타냅니다. 위에서 부터 읽으면, '이슬비'가 됩니다. 아래 문자는 '비'와 '보'로 모두 사용할 수 있습니다.

88. 눈 설雪과 모래 사沙

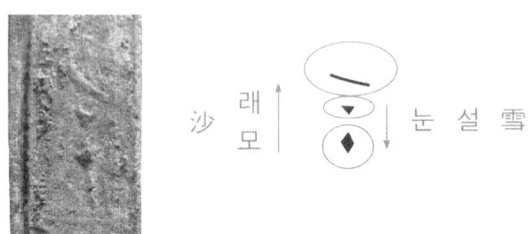

눈은 위에서 내리니, 눈 설입니다. 혹은 우박으로 해석할 수도 있습니다. 모래는 땅에 있으니 아래서 위로, 모래 사입니다.

89. 우레 혹은 뇌腦

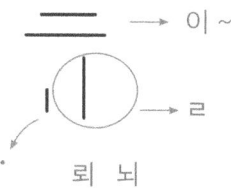

이 문자는 하늘에서 우레, 사람에게는 두뇌라고 봅니다.

90. 구름 운雲

이 문자는 '구름'이 흘러가는 모습을 표현하는데, 맨 위 문자가 '구'입니다. 중간 문자는 [ㄹ]이고, 맨 아래는 [ㅁ] 음가인데 구름이 흘러가는 모양새를 나타냅니다.

91. 가람 강江과 시내

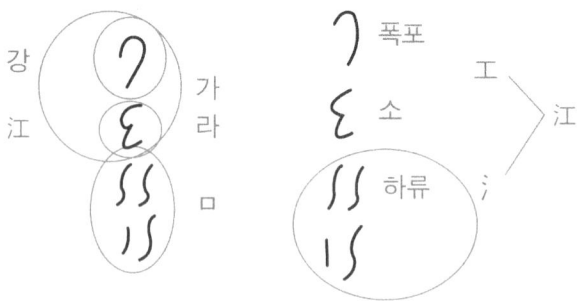

 이 문자 맨 위의 ㄱ은 [가]이고, 아래 ε 모습은 ㅇ의 모습에서 반을 잘라 펼친 것입니다. [강]이란 소리에 물고기 모양새를 넣었습니다.
 이번에는 순 우리말 [가람]인데, 맨 위에서 ㄱ은 [가], ε 모습은 [라], 아래 4개의 물줄기는 [ㅁ] 음가의 ㅁ 문자를 하나씩 풀어 물이 흐르는 모습으로 표현했습니다. 물론 이도 한자 江의 왼쪽 삼수변과 위 문자의 아래 4줄의 물줄기와 일치시키고자 한 것이고, 위의 [강]과 [가] 부분이 한자 江의 工 부분을 푼 문자 모습으로 일치시킨 것입니다. 또한 맨 위 문자는 강의 시원인 폭포의 모습을, 다음은 계곡의 모습을, 아래는 하류의 모습을 표현한 것입니다.

92. 뫼 산 山

『훈민정음』에도 나오는 제시어입니다. 맨 위 山 닮은 문자는 ㅁ 모양새에서 위 수평선 ㅡ을 중간에 세워 상형한자 山에 맞추고 산의 전체 모양새를 표현한 것입니다. 두 번째 문자 ‖은 [ㅣ:]로서 [뫼]를 읽어 보시면 『훈민정음』에서 장음이 숨겨졌지만, 장음 [뫼:]임을 알 수 있습니다. 이 문자는 산으로 가는 오솔길을 표현합니다. 다음 아래 ㅡ은 [뫼]의 [ㄴ]로서 평지 혹은 반대쪽 산 정상 부위를 표현하신 것입니다.

다음 [산]인데, 맨 위의 문자 한 개가 상형한자 山이면서 [ㅅ]의 V을 표현합니다.

93. 흙 토 土

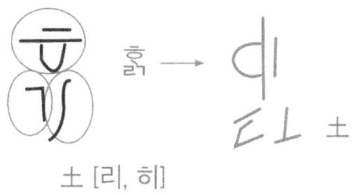

土 [리, 히]

이 문자는 [흙]으로 읽었고, 현 한글과 닮았습니다. 토土는 어디에 있을까요? 위에 있는 문자 안에 土가 들어 있습니다. 土는 처음 상형문자에서 땅 위에 흙을 쌓아 올린 모양입니다. 그러면 현 한자 土는

9장 고조선 문자 구체적 해석 149

무엇일까요? [리]나 [히] 정도의 소리를 표현한 문자입니다.

94. 씨앗, 싹, 줄기, 대, 꽃, 뿌리

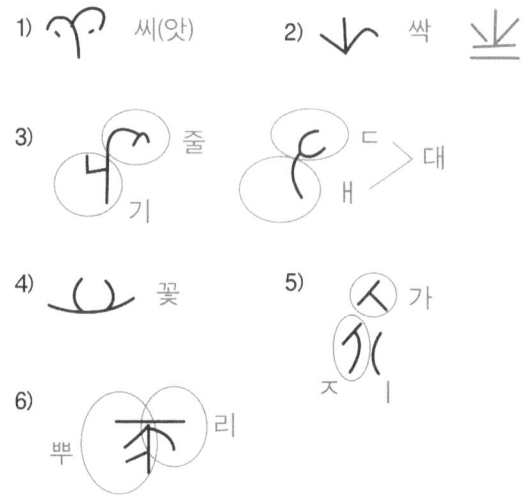

1) 씨앗이 떨어지고 있는 모습으로 '씨앗'으로 읽었습니다.
2) 싹인데, 한자음 '초'와 서로 바뀔 수 있습니다.
3) 줄기인데, 대를 처음에 한자라고 생각했지만, '대'도 순 우리말입니다.
4) 꽃송이라 봅니다.
5) 가지입니다.
6) 『선진화폐문자편』18)에 나온 문자로 뿌리입니다. 땅 아래에 내린 '뿌리'를 진짜 뿌리 그림으로 그린 것입니다.

---

18) 위의 책, 305쪽.

95. 열매(과실果實)

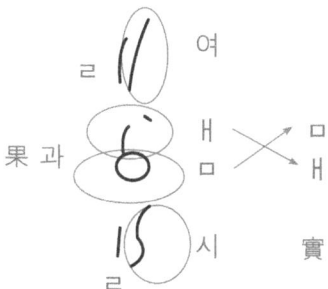

ㆁ는 지금 사라졌지만, 훈민정음 시대에는 있었습니다. 과일입니다. 맨 위 문자는 과일이 열리는 가지를 의미합니다. [열]로 읽습니다. 중간은 과일이 열린 모습으로 [매]와 [과]果로 읽습니다. 맨 아래는 [실]로 소리 표현합니다.

96. 배 리梨

이 문자는 배 리梨로서, 청동 제기 위에 놓인 배를 표현합니다.

97. 능금, 사과

이 문자는 능금으로 사과를 표현한다고 봅니다.

98. 대추 조棗

대추나무의 열매를 표현합니다. 완전히 소리 음가를 풀어서 그림으로 표현하셨습니다. 길이가 길게 달린 열매를 표현합니다.

99. 앵두

열매인데, 완전 앵두이지요. 중국학자들이 『선진화폐문자편』[19]에 中이라고 슬쩍 얼렁뚱땅 집어넣은 문자입니다. 아무리 한자에 문외

---

19) 위의 책, 11쪽.

한이고, 중국 춘추전국 문자를 몰라도 이것을 中이라고 하니 너무 하지요. 앵두가 가지 끝 부분에서 열린 듯이 위 문자에 잘 표현하고 있습니다.

100. 포도

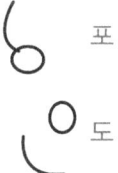

이 문자는 과일의 알맹이가 모여 있는 모습을 문자로 표현합니다. 모여 있는 과일은 포도이지요.

101. 복숭아 도桃

이 문자는 복숭아 열매를 그대로 그린 문자라고 봅니다.

102. 석류石榴

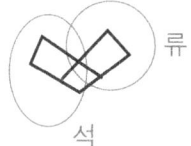

『선진화폐문자편』20)에 있는 문자로 '석류'로 해석합니다. 석류의 안쪽 알갱이를 문자로 표현했다고 봅니다. 혹은 '직각자'를 표현했다고 볼 수 있습니다. 또 음악 악기로는 박拍이라 생각해볼 수 있습니다.

103. 감 시柿

1) 감나무로서 맨 아래 문자는 [가]라는 소리이고, 입을 벌리는 모습 ㅂ은 [ㅁ] 음가이고, 아래 과일 모양은 감의 모습을 표현합니다. 처음엔 이렇게 읽었습니다.
2) 바로 읽은 모습입니다. 맨 위 문자는 감나무 전체는 나타내며 아래 ㅂ과 합하여 음가는 [감]을 표현합니다. ㅁ 모양도 [ㅁ] 음가 외에 [ㅂ], [ㅅ], [ㅇ]으로 읽어야 문자의 의미가 나타납니다. ㅁ의 맨 윗선이 중간에 내려가서 ㅂ이 된 것으로 서로 음가 변환됩니다. 『훈민정음』에 제시된 첫 문자로 "감爲柿"라 나옵니다.

---

20) 위의 책, 317쪽.

104. 참외, 수박, 호박

1) 외 혹은 참외라고 해석합니다. 참외를 반으로 자른 모습이라 봅니다.
2) 수박으로 읽어 봅니다.
3) 호박으로 표현했습니다.

105. 잣나무

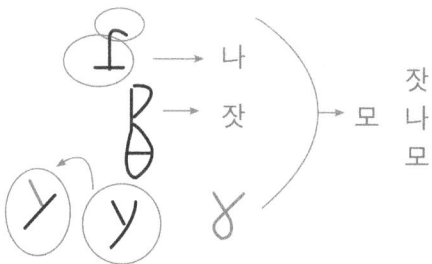

『훈민정음』 제시어로, '잣(海松)'이라 나옵니다. P는 [자], 아래 θ은 [ㅅ]라 하여, [잣]이 되지요. 잣나무의 열매를 표현하고 있습니다.

106. 밤나무

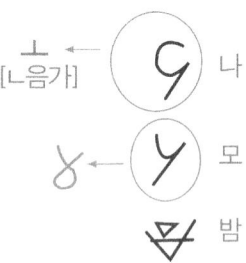

여기서는 '밤'으로 봅니다. 맨 위는 'ㅗ'가 밤송이 모양으로 변형된 것으로 [나], 두 번째는 ४[ㅁ] 모양이 변형되었다고 봅니다.

107. 솔 송松

제가 이전에 소나무의 [솔]로 읽었던 문자입니다. 너무 아름다운 문자이지요. 정말 소나무에서 솔잎이 떨어지는 모습을 표현했지요.
1) [솔:]을 읽어 보시면 모음이 길게 납니다. 전체는 순 우리말 [솔:]을 표현한 것이고, 중간까지는 [송]松이란 한자음을 표현한 것입니다. 한자음은 단음이니 ㅅ 사이의 ㅣ까지 해서 [소]이고, 아래 짧은 -은 받침 ㅇ[ng]을 표현합니다. 받침 ㅇ[ng]에 점(·), ㅇ, ㅡ가 모두 사용될 수 있습니다. 즉 문자 자체가 중요한 것이 아니라, 표현하고자 하는 사물이 중요한 것입니다.
2) [소나무]를 적어 보았습니다. '나무'는 木에 맞춘 나무를 아래서

부터 [나무]라고 읽어 봅니다.

108. 단풍(싣)나무 풍楓

『훈민정음』의 예시 단어입니다. 단풍나무의 일종을 옛 어른들께서 싣나무라고 했을 줄은 극소수 학자를 제외하고는 모르실 것입니다.

이 문자가 『훈민정음』의 '싣(楓)'입니다. 맨 위 ㅅ은 [ㅅ] 음가이자 싣나무 잎 아래 부분입니다.

109. 섶 신薪

물론 『훈민정음』에 '섶薪'이라고 나옵니다. 처음에 단풍나무의 일종인 '싣나무'라고 해석했지만, 왼쪽 아래 문자를 좀 이상하다 했습니다. 이는 섶을 나타내는 것입니다.

110. 대나무 죽竹

맨 위의 옆으로 / \ 문자는 '대'에 해당하는 문자를 겹쳐 방향을 돌린 것입니다. 아래 왼쪽은 ㅗ인데 방향 돌린 것이고, 아래 오른쪽은 [모] 음가를 겹친 것입니다. 문자가 많이 변형된 것은 오직 대나무를 그리기 위해서입니다. 대나무 같아 보입니다.

111. 버드나무

『훈민정음』 제시어 '버들(柳)'입니다.

버들이란 문자로 버드나무의 몸통과 흐느적거리는 가지를 표현합니다.

112. 닥종이

이전에 '닥종이'와 '닭소리'가 애매했으나, '닥종이'가 확실합니다. D는 [ㄷ]음가인데, 닥나무의 반쪽 면을, ╋은 [ㄱ]으로 껍질을 벗기기 위한 칼집 모습을 나타내어 합쳐서 [닥] 음가입니다. 두 번째는 나무에서 껍질을 벗기는 모습을 표현한다고 봅니다. [죠]라고 소리 납니다. 종이paper로서 단군조선에서 세계 최초로 종이를 만들었습니다. 『훈민정음』에 제시어로 '죠히(紙)'라고 나와 있습니다. 아마도 유물이 나오리라 예상합니다. 그러면, 왜 닭이 아니냐 하면, 닭이란 문자를 이미 가축에서 찾았기 때문입니다.

『훈민정음』에 의거한 문자로서 세계 최초로 종이가 단군조선에서 만들었음을 증명했습니다.

천산 조홍근 검증

1. 표의문자로 해독할 경우

 상형 표의문자로 보기에는 눈에 언뜻 들어오지 않네요. 표음문자로 풀이합니다.

2. 표음문자로 해독할 경우

 ㅗ는 X를 세운 글자라 본다면, X는 ㅎ의 센 발음으로 목구멍을 막는 듯한 발음으로 추정하는데 [ㅼ]과 [ㆅ] 사이 정도의 발음으로 봅니다. D 모양은 나무의 껍질이 있는 모양을 나타내는 듯하여 닥나무라면 'Dㅗ'은 닥나무의 [ㄷ]+[ㆅ]이 되어 [ㄷㆎㆅ]이 되며, 발음은 [닥]에 가깝게 된다고 봅니다. ㅡ 아래 세모는 유성음 [ㅅ]의 중복된 소리로 경음이 되는데, [ㅉ]의 유성음과 비슷하게 되므로 [:ᅎ](zzo)에 가까운 발음으로 [:조]와 비슷할 것입니다. ㅗ는 [ㆅ]발음이 되니 [흐]에 가깝게 되고 전설모음화되어 [히]로 날 수 있습니다. 그래서 [닥:조히]가 될 수 있는 바, 표의문자로 보기에는 난해하므로 이두식 상형문자와 표음문자로 보아 전체적으로 [닥조히]로 봅니다.

이제부터는 생활용품과 농기구를 살펴봅니다.

113. 상투

중국학자들은 애매한 문자라며 이렇게 2)처럼 배당했습니다. 그런데 이 문자는 '상투'입니다.

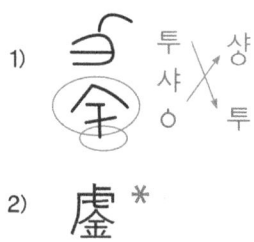

1) 옛말은 '샹투'(『훈몽자회』)입니다. '상투' 혹은 '샹토'(『소학언해』)라고도 하니 역시 위 문자가 제대로 해석되었다고 봅니다. 위에서부터 읽으면, '투구'도 됩니다. 이민화 교수님께서 돈황석굴 안에 고구려 벽화에서 상투를 확인한 바이므로 고조선에서도 상투를 튼 풍습이 있었을 것입니다. 그리고 이 풍습은 고조선에서 가장 먼저 시행했다고 봅니다.
2) 『선진화폐문자편』21)에서 중국학자들이 이 문자에 무작정 배당했는데, 누가 보아도 문자가 다릅니다. 호虍 아래 금숲인데, 한자사전에 안 보입니다.

---

21) 위의 책, 75쪽.

114. 비녀

비녀

결혼한 여자들의 비녀입니다. 문자를 그림으로 그린 것입니다.

115. 갓(갇) 립쏖

『훈민정음』제시어 '갇(쏖)'입니다.

ㄱ 아래 ㅇ인데, ㅇ 이 [ㄷ] 발음입니다. 갓의 모양을 만들기 위해서 입니다. 고조선 시대에도 근대조선처럼 갓이 있었음을 추측할 수 있습니다. 이민화 교수님께서 돈황석굴 안에 고구려 벽화에서 상투를 확인한 것처럼, 갓도 확인했는데, 고조선에서도 갓이 있었음이 확실하다 하겠습니다.

116. 빗

 빗

∩은 [ㅂ] 음가이고, 중간 一은 [이], 그리고 두 줄은 [ㅅ]입니다.

117. 옷 의衣

옷
衣

옷이었습니다. 처음에는 옷고름이라 해석했는데, 옷衣이었습니다.

118. 버선 말襪과 대님

우리 양말, 버선 말襪, 韎입니다. 맨 위 문자는 [말]인데, 발이 들어가야 하니 위가 트여 있고, 오른쪽은 대님을 의미하는 듯합니다. 아래 문자는 신발 신기 전에 신는 조선 양말 버선이란 뜻이겠지요.
  1)은 『선진화폐문자편』에 있는 중국학자의 불확실한 해석이고, 2)는 버선을 표현한 고조선 문자입니다.

119. 실과 바늘

이전에 '실'로 처음에 읽었지만, 바늘로 읽지 못했습니다.

1) 처음에 읽었던 '실'입니다.
2) 사물에 관해 소리문자를 극단적으로 대입하지 않은 '바늘'입니다. 큰 문자 U는 [바] 음가를, 오른쪽 위 문자는 바늘 모양에 [늘] 음가를 표현합니다.

120. 손가락과 골무

1)은 발가락을 표현하고 2)는 손가락과 골무를 표현합니다.

121. 세숫대야와 모자

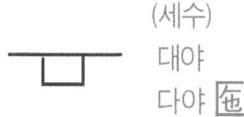

처음에는 이 문자가 무엇을 표현하는지 알 수 없었습니다. 물론 『훈민정음』의 '다야(匜)' 때문에 이 문자가 (세수)대야임을 알았습니다. 반대로 하면 '모자'도 되겠지요.

122. 거울(면경面鏡)

거울을 많이 찾았습니다. 청동 거울은 단군의 소유품 중의 하나였습니다.

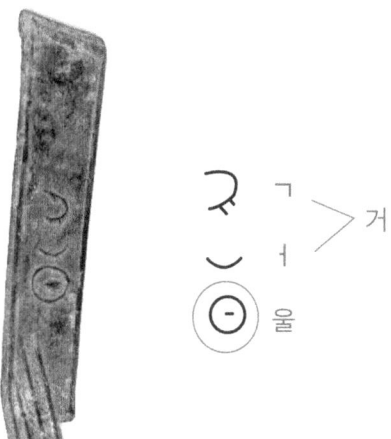

맨 위는 [ㄱ], 중간은 [ㅓ], 아래 ㅇ 안에 점 있는 것은 [울]이자, 거울 그림입니다. 거울을 보세요. 맨 위 'ㄱ'은 둥근 모습인데, 아래에 조그만 선이 붙어 있어 눈썹이나 수염을 다듬는다는 의미입니다. 중간은 앞면의 아래 부분을 나타냅니다. 둥근 부위는 거울 뒷면을 표현했습니다. 중국의 상형한자 문화권의 그 어떤 나라가 위 사진과 같은 문자를 사용했을까요? 한자와 다르다는 것은 누구나 알 수 있습니다.

123. 수건

이 문자는 수건 모습을 표현하기 위해 『훈민정음』 제시어 '쥬련(帨)'을 완전히 풀어 수건 모습으로 표현한 것입니다.

124. 신(화혜靴鞋)

이 문자는 소리와 상형 그림이 모두 일치하는 문자입니다. 아래 비스듬한 工 모습이 신발의 모양새를 나타냅니다. 그리고 맨 위 문자는 ㄴ이 발이 신발에 들어간 모습이고, /은 신의 맨 윗부분을 표현합니다.

125. 집 가家

'집家'이라고 해석해 봅니다.

그런데 [ㅂ] 음가 부분이 잘 일치가 안 되는 점이 있는데, 이는 이층으로 올라가는 사다리에서 한 획이 없어진 것이거나, 집으로 들어가는 입구를 표현했다고 봅니다. 그리고 단군조선 시대가 열대기후였기에 해충의 피해를 없애기 위해 이층 생활을 했다고 봅니다.

진주 대평 청동기 박물관에 가서 확인해보니, 곳집인 창고는 반드시 2층 구조였습니다.

|곳집인 창고

이 문자가 집을 표현했다면, 반지하 형식의 구조로서 왼쪽 //는 집의 입구를 나타낸다 하겠습니다. 즉 ㅁ이 [ㅂ] 음가인데, 집 입구로 만들기 위해 위아래 수평선은 생략하고, // 로만 [ㅂ] 음가를 나타내었습니다.

|움집인 단독 주택

|움집의 내부 구조

1)

1) 혹시나 해서 『선진화폐문자편』(124쪽)을 찾아보니 삼공포三孔布 화폐 위에 단 1개의 문자가 있습니다. 물론 자신들이 주장하는 연명도燕明刀 위에는 단 한 글자도 없습니다.

2) 연나라 문자는 아직 확인한 바 없습니다.『전국고문사전』上(483쪽, 연나라 문자 없음), 다른 전국시대 문자들입니다.

126. 담 장墻

역시 많이 어려워 몇 번이나 해석을 변경한 문자입니다.『훈민정음』에 나옵니다. 담장墻이라 읽어 봅니다. ㄷ은 [다], ㅿ은 [ㅁ]입니다. 한 장음으로 읽을 때, ㄷ은 [자]이고, ㅿ은 [ㅇ]입니다. 그래서 지금 우리말도 담장이라고도 많이 합니다. 이 문자의 ㅿ이 담장의 전체 모습을 표현합니다. 혹은 옷의 '단추'로도 봅니다.

127. 마당

이 문자는 마당을 표현하는데, [마] 부분에서 뒷마당을 [당] 부분에서 앞마당을 표현했다고 봅니다.

128. 따비(보)와 도깨비

지금부터는 농기구와 연장을 확인해보겠습니다. 지금의 쟁기는 시원적인 농기구 '따비'에서 왔습니다. 따비는 쟁기보다 좀 작고 보습이 좁게 생긴 농구의 하나로서 풀뿌리를 뽑거나 밭갈이에 쓰입니다. 이 농기구를 고조선에서 사용했음은 청동기의 그림 속에 들어 있습니다.

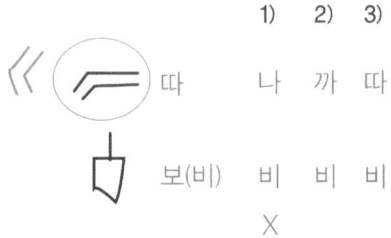

저는 이 문자를 보고 처음에 전혀 '따비'라고 생각을 못했습니다. 당연한 것이지요. '따비'라는 농기구가 있다는 사실 조차 나중에 알았으니까요. 제일 처음 맨 위의 문자를 사마귀 손으로 생각하고, 아래는 나비가 날개를 접은 모습이라 상상해서 '나비'라고 읽었습니다.
　두 번째는 맨 위 문자가 'ㄱ' 위아래 겹쳐 반대로 돌린 모습입니다. 아래 문자를 도깨비 방망이라고 읽었습니다. 그래서 '까비'라고 읽었습니다. 옛말은 '돗가비'로『석보상절』에 나와 있습니다.
　제가 '따비'라는 농기구를 알고 나서 보니 맨 위 문자는 [따] 음가를 따비 아래 부분으로 묘사한 것이고, 아래 문자는 따비의 본체 혹은 후대의 쟁기 모양이 되었습니다. 이 문자는 '나비'는 아니고, '따비'와 도깨비의 방언인 (허)까비에서 나온 '까비'를 나타냅니다.

129. 호미 서鉏

　우리 민족의 대표적인 농기구 '호미'이자『훈민정음』제시어 '호미'입니다.

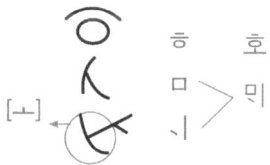

　이 문자는 어떻게 해석할까요? [ㅎ] 음가를 내는 문자로 지금까지 ㅇ과 H를 확인했습니다. ㅇ 위에 ⌒가 있는 문자는 [ㅎ] 음가입니다. 중간 문자는 ᛞ를 줄인 [ㅁ] 음가이며, 이전에 새들을 찾으면서 확인했던 소중한 결과였습니다. 맨 아래 문자는 '호미' 모양을 표현하려고 한 것입니다. 위 문자에서 부족한 모음 음가를 나타냅니다.
　이제 그림을 읽어 볼까요? 해가 떠올라 '사람(人)'이 호미로 땅을 판다는 줄거리 문자입니다.

130. 못 정釘과 망치

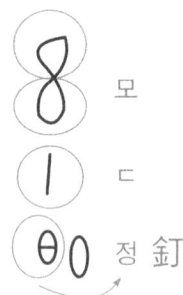

『훈민정음』「합자례」의 '몯(釘)'인데, 위의 8이 망치이고 중간의 ㅣ이 못 몸체이고, 맨 아래는 못을 박은 후의 모습입니다. 처음에 어렵게 못이라고 읽었는데, 문자 수가 많아 정확히 읽지는 못했습니다. 맨 아래는 [정]釘이란 한자음을 소리문자로 표기한 것입니다. ㅇ 부분이 [ㅈ]이고 중간 --까지 [저], 오른쪽 ㅇ은 받침입니다. 맨 위 문자 8은 '망치'를 표현하고 있습니다. 망치와 못이 한 문자 안에 어울린 절묘한 문자입니다.

131. 삽

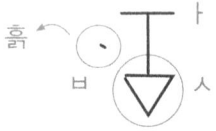

이 문자22)의 ▽은 [ㅅ] 음가에 삽의 앞모양을 ㅜ는 [ㅏ:]이고, 점은 [ㅂ] 음가이면서, 삽에서 떨어진 흙을 표현합니다.

---

22) 위의 책, 318쪽.

132. 낫과 날

1) ㄴ 낫 → ㄱ
2) ㄴ 날

1) 낫을 문자 그대로 적었고, 사물을 거꾸로 돌린 것입니다. 돌려 보면 바로 '낫'이 보이지요. 낫은 위험한 물건이니 문자에 안전의식을 추가한 문자입니다.
2) 날을 표현한 문자입니다. 아래 ㅣ은 [ㄹ] 음가를 나타냅니다.

133. 톱 거鉅

ㅌ 톱 거 鉅

『훈민정음』에 '논(水田)' 다음에 '톱(鉅)'이 나옵니다. 톱 중에 한 사람이 사용하는 톱도 있고, 양쪽에서 사용하는 톱도 있습니다. 저는 처음에 클 거ㅌ의 한자음이라 생각했는데, 이는 『훈민정음』에 따르면 양쪽 톱 거鉅를 표현한 것입니다.

134. 톱

이 문자는 고조선 시대 음가로 [텁]이라고 보며, 근대 조선어는 모음이 바뀌어 [톱]이 되었다고 봅니다. 아래 문자 V는 [ㅂ] 음가이자, 톱의 날카로운 이빨을 표현했다고 봅니다.

135. 끌, 가위(가새), 갈대, 글

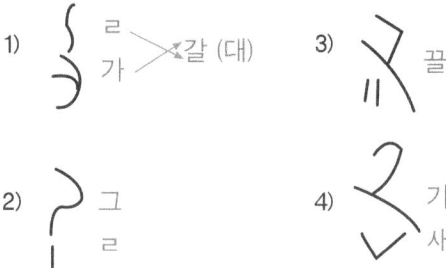

1) 갈(대)蘆, 이전에 2)를 갈대라 생각했기에, 연결된 문자들이 서로 애매해졌습니다. 이 문자가 갈대의 모습을 나타냅니다.
2) 글文字, 붓으로 글이란 문자를 쓴 모습입니다.
3) 끌, 줄을 그을 수 있는 날카로운 도구입니다. ㅣㅣ은 끌이 새겨진 모습을 표현합니다.
4) 가위(가새), 이전에 '끌'이라 해석한 문자인데, 3)이 끌이라면, 이 문자는 가위를 표현합니다.

136. 태(농기구), 테

1) 처음에 ㅇ 위에 두 줄이 그어진 모습을 [태]라고 해석했지만, ㅇ이 [ㅌ] 발음 나는 것, 특히 [태]라고 소리 나는 데에 의심이 있었습니다. ㅇ이 현 [ㅇ] 발음으로 나지 않는가하여 계속 헤맸습니다. 또 한자어인줄로 오해했습니다. 태는 농작물에 해를 끼치는 새를 쫓는 물건으로서 머리를 잡고 꼬리를 휘휘 두르다가 거꾸로 잡아채면 '딱' 소리가 나서 새를 쫓을 수 있습니다. 이 문자의 두 줄이 마치 '태'의 줄로 보입니다.
2) 아울러 [테]도 보겠습니다. 이 문자는 어떤 물체의 테두리를 두른 모습입니다.

137. 도리깨

농기구 종류입니다. 도리깨라고 해석합니다.

저도 어릴 때 고향에서 해보았는데, 여러분도 그런 분들이 많이 계시겠지요. 현 한글 '도'는 '도'와 'ㄹ'인 수평선이 합쳐진 것이고 아래 문자는 [ㅅ] 음가를 내는 자유 발음 음가 'ㅇ'에 수직선이 있는 것으로 [쌔]에 해당합니다. 돌리는 농기구임을 표현하기 위해서입니다. '도리

쌔'는 『한청문감』에 나오는 단어입니다.

138. 도끼

당연히 도끼도 있어야 하겠지요.

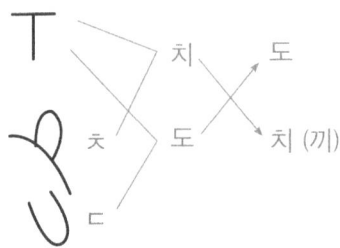

도끼의 옛말은 '도최'(『능엄경언해』, 『남명집언해』) 혹은 '돗귀'(『월인천강지곡』, 『월인석보』)입니다. 지역어로는 '도치', '도키', '도추', '토치'가 있습니다. 이 역시 음가로 [ㅋ], [ㅊ], [ㄲ]이 모두 가능한 것으로 문자언어학적으로 고조선의 문화를 계승한 흔적이라 봅니다. 중간은 [ㅊ] 음가이사, 도끼 모양입니다. 맨 아래는 [ㄷ] 음가인데, 도끼날을 표현합니다.

139. 채

음식물에서 정미한 것을 걸러 받는 도구입니다. 테두리 부분의 음가가 [ㅊ]이고, 안에 있는 부분이 [ㅐ] 음가입니다.

140. 새끼줄

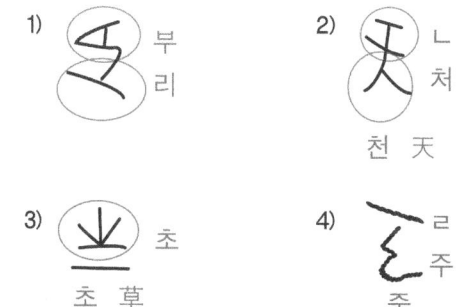

중국학자들이 읽지 못한 문자인 『선진화폐문자편』[23]에 있는 4자를 쭉 읽어 보겠습니다.

1) 새의 부리입니다. 이전에 했습니다.
2) 하늘 천天의 [천]입니다. 天에 맞추었지만, 현 한자보다 하늘을 더 바라보고 있습니다. 숫자 '하나'라고 읽을 수도 있습니다.
3) 풀 초草의 [초]입니다. ㅅ 안에 ㅣ이 [ㅈ], 그리고 아래가 [ㅊ], 그리고 마지막 문자 ㅡ를 붙여 [초]라고 읽습니다.
4) 줄입니다. 새끼줄임을 나타내기 위해 줄의 문자에 거친 선을 넣었습니다.

---

23) 위의 책, 289쪽.

141. 숯 탄炭

『선진화폐문자편』24)에서 역시 중국학자가 모른다는 명도明刀 단어입니다. 이는 『훈민정음』에 '숫'으로 나오는데, 이는 숯 탄炭을 표현하신 것입니다. 나무가 타고 난 다음 숯이 된 모습이지요. 이런 문자는 굉장히 해석하기 어려운데, 그 해석을 쉽게 한 열쇠는 『훈민정음』 제시 단어였습니다.

142. 키 기箕

'키'는 『훈민정음』 제시어입니다. 이 문자는 코끼리 안에 들어 있습니다. 코끼리 속에 다양한 문자가 들어 있습니다.
1) 사람 코 아래 입으로 [코]를 나타냅니다.
2) 쌀과 껍질을 고르는 농사일에 쓰이는 [키]입니다.
3) 귀라고도 생각해볼 수 있으나, 귀는 토끼의 '귀'가 좀 더 정확해 보입니다.

---

24) 위의 책, 288쪽.

143. 비(자루)

처음에 [비]라고 읽은 문자는 소리로서는 제대로 읽었습니다. 상형하고자 하는 의미는 처음 읽은 비rain, 雨가 아니라, 빗자루의 '비'였습니다. 위의 U는 [ㅂ], 아래 ㅣ은 [이], U와 ㅣ를 합치면 [비]가 됩니다.

144. 디딜방아

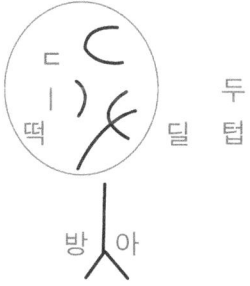

처음 '두텁(두꺼비)'으로 읽었는데, 맨 위는 디딜방아에서 곡식을 찧는 모습과 '떡'을 표현한다고 봅니다. 아래 문자는 디딜방아를 표현합니다. 문자가 의미하는 바가 그 사물의 특징을 잡아 표현하였기에 일반인들은 쉽게 해석 못합니다.

145. 물레방아와 물레

맨 아래 문자는 물레방아의 '물레'이고 '방'은 물레방아의 힘으로 곡식을 찧는 모양을 '아'는 곡식을 표현합니다. 문자의 아래만 집에서 실을 뽑아래는 [물레]입니다. 중국학자들은 정확히 알지 못하여, 이 문자는 2)와 같은 한자를 생각하였습니다.25) 夃와 분리되어, 제대로 해석할 수 없습니다. 위 문자는 夃의 항목, 121에 들어 있습니다.

146. 이아(잉아)와 베틀, 베틀실

그토록 찾던 『훈민정음』의 '이아(綜)'와 베틀을 동시에 찾았습니다. 이아는 지금의 '잉아'입니다. 잉아는 베틀의 날실을 끌어 올리도록 맨 굵은 줄을 말합니다. 중국학자들이 맨 위 문자를 夃라고 『선진화폐

---

25) 위의 책, 75쪽.

문자편』에서 해석하였으나 이는 둥근 모양새가 [이]이고, 오른쪽 ㅏ는 [아]입니다. 아래 부분은 [베틀]을 가지고 베틀 기계를 만들었고, 금숲이라고 해석한 부분은 한국 음 [줄]을 줄 모양새에 맞춘 것입니다. 이전에 독거미줄 할 때 했습니다. 독거미줄과 비교해보겠습니다. '줄'이란 문자가 같게 나타나지요.

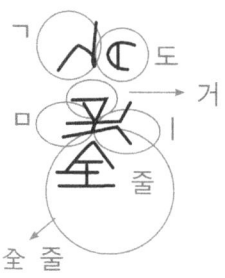

147. 맷돌

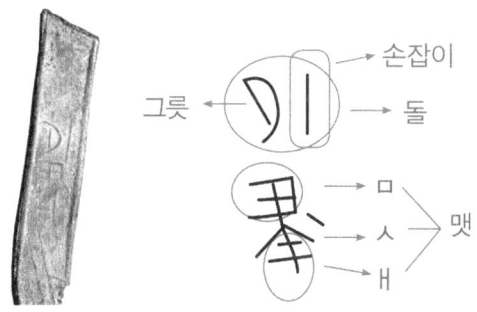

그토록 찾던 '맷돌'이란 문자입니다.26) 맨 위는 [돌]로 음을 읽었습니다. 그림은 곡물을 맷돌 위에 붓는 모습을 나타내며, ㅣ은 손잡이입니다. 분리할 수 있다는 뜻이지요. 아래 문자는 맷돌과 맷돌에 나무

---

26) 정복보(丁福保), 『역대고전도설(歷代古錢圖說)』, 상해서점(上海書店), 1986, 73쪽.

막대 2개를 걸치고, 곡식의 물이 흘러내리는 것을 표현합니다.

국어사전에 보면, 맷돌은 '돌매'라고도 합니다. 문자를 위아래, 아래위로 읽는 습관에서 나온 언어 형식으로 위 문자의 해석 내용을 뒷받침하는 증거 자료라고 봅니다.

148. 절구통과 절구공이

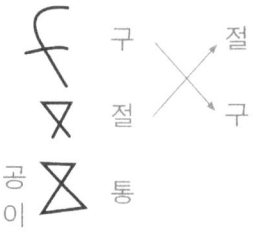

중간에 음식을 넣고 [절], 위에서 공이로 찧고 있으니 [구], 맨 아래는 [통], 절구통과 절구공이를 이 문자로 동시에 표현한다고 봅니다. 혹은 바다에 가면, 위에서부터 '가자미'가 될 수도 있습니다.

149. 시루 증甑

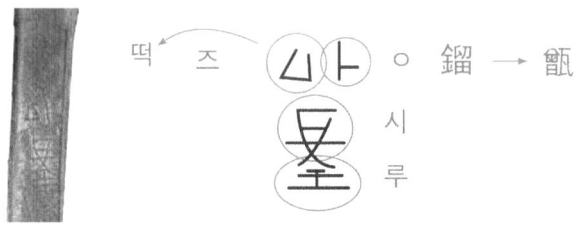

이 문자는 떡을 찌는 '시루'라고 봅니다. 맨 위 문자는 처음에 [류]로 읽었는데, 증甑인 모양입니다. 처음에 받침 ㅇ을 'ㅏ'에 일치시키지 못했습니다. 이는 중의 받침 ㅇ을 ㅏ인 떡 위아래 모습에 맞추신 듯합니다. 혹은 맨 위 문자가 시루떡의 [떡]이 되기도 합니다.

150. 잔

완전히 잔을 표현하고 있습니다. 잔을 비스듬히 세운 모습을 통해 [자] 음가를, 아래 ㅗ을 통해 [ㄴ] 음가를 표현합니다.

151. 그릇

처음에는 문자 그대로 읽어 '국밥'이라 해석한 문자입니다. 이 단군 조선 문자는 소리문자 형태보다 상형하고자하는 모습에 먼저 맞추어야 합니다. 맨 위 문자는 [ㅋ] 음가인데, '그릇'의 [ㄱ] 음가 부분이 좀 탁하게 났다고 봅니다. 그래서 그릇의 단군조선 시대 발음은 [크 릇]이었다고 봅니다. [그릇]이라 해도, ㄱ 모습을 돌려 물을 넣은 모습을 한 획을 넣어 좀 더 자유롭게 그렸습니다. 맨 위 문자는 그릇에 물을 담는다는 뜻이고, 아래는 밥을 넣는 모습을 표현합니다.

152. 바리와 둥지, 차 다茶

차 다茶도 많이 찾았습니다.

아마도 '바리'라고 읽은 문자가 차 다茶도 되고, 선비의 모습에 선비(士)도 맞추어진 듯 보입니다. 아래 문자는 뜻으로 선비를 나타내고, 위는 [사]士라는 음가입니다. 차 다茶라면, 아래 士는 차나무이고, 위 문자는 찻잔입니다.

혹은 생태계에서는 새집인 '둥지'를 표현합니다. 새들은 어미 새가 둥지에 있는 아기 새에게 먹을 것을 날라다 주지요. 사람에게는 밥그릇인 [바리]입니다.

153. 부엌

이 문자는 처음에 숟가락과 젓가락으로 생각했는데, 좀 더 정확히는 '밥상'과 아궁이와 굴뚝을 묘사한 '부엌'입니다. 부엌은 『훈민정음』에 '브섭(竈)'이라 나옵니다.

154. 젓가락과 밥 반飯, 밥주걱 반삽飯舀

1) 젓가락이지요. 물론 二의 한자이기도 합니다.
2) 이전에 밥으로 읽은 문자인데, 아래 밥을 표현한 상형문은 [밥]이자 [반]飯입니다. 단군조선 밥은 아주 간단하면서도 정확하게 '밥'을 표현합니다. 위의 숟가락은 밥주걱이었습니다. 당연히 『훈민정음』의 '죽(飯粥)'을 보고 알았습니다.

155. 아궁(이)와 굴

문자로 딱 아궁이를 나타냅니다. 아궁이에 불을 피우는 막대기도 있습니다. 아궁이의 다른 표현은 '아궁'입니다.

156. 김(수증기)

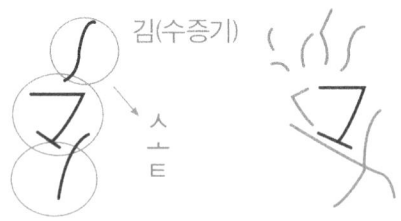

처음에는 '솥'이라 해석했는데, 가마솥을 찾은 후, 이 문자는 '김'으로 읽습니다.

157. 향香과 연기

맨 오른쪽 문자는 아래에서 위로 향 연기가 올라온다고 보아 향香이라 해석해 둡니다. 혹은 위에서 아래로 '거품'이라 읽을 수 있습니다. 다음 왼쪽 문자는 '가슴' 혹은 '갈비(뼈)'라 읽어 둡니다. 다음 왼쪽 문자는 아래서 위로 혹은 '수직선'이라 읽어 둡니다.

158. 가마솥과 옛 고古

이 문자의 맨 위는 한글 소리문자 해석의 열쇠이고, 맨 아래가 상형 한자 해석의 해석 열쇠입니다. 위의 ㄱ 반대 모습은 [ㄱ] 음가입니다. 중간의 /은 단모음으로 [고]로 소리 납니다. 맨 아래 문자는 古 한자와 연관 있음을 표현하며, 실제 한자 古이기도 합니다. 그러면 [옛]이란 순 우리말을 찾아봅니다. 중간은 ㅗ [여]가 되지요. 아래 솥뚜껑 부분을 합하여 [예:]가 됩니다.

세종께서 장음을 단음에 숨겼기에 일반인들은 이 문자를 읽을 수 없습니다. 맨 아래 ▽은 [ㅅ] 음가 중의 하나인 훈민정음 [△]입니다. '옛 고古'인 천자문이고, 위에서 '가마솥'이라 읽을 수도 있습니다.

그러니 古를 읽은 일제강점기의 일본인들, 지금의 중국인들은 위의 문자들은 애매한데, 한자가 있으니 자기 것이라 한 것이고, 현대 한국인들은 고대 한글과 다른 모습으로 한글을 사용하고 있으니 문자를 해독하지 못하게 된 것입니다.

159. 밥 반飯

맨 위는 [밥] 음가에 밥숟가락을 표현하고, 아래 문자는 한자음 [반] 飯을 표현했는데, 반대로 표현했다 해도 상관없습니다. 그래도 선후를 정하자면, 밥은 아래에서 위로 떠먹으니, 아래 문자가 [밥]이고, 위 문자는 [반]이라고 봅니다.

160. 죽, 국, 술

다음의 세 문자를 보면 그 문자의 정밀함에 놀랍니다. 국, 술, 죽을 모두 조금씩 다르게 그림으로 표현하였습니다. 사물의 미묘한 차이까지 고려해서 문자를 만든 것입니다.

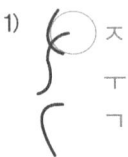

1) 걸쭉한 죽을 표현합니다. 문자도 죽이 흘러내리듯이 조금 흐름이 느린 모습을 표현합니다.

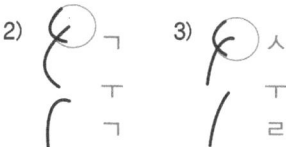

2) 국은 흘러내리는 모양이 조금 시원하지만 그릇 아래를 타고 내려오는 듯하고 받침이 ㄱ입니다.

3) 술은 흘러내리는 모양이 맑은 모습이고, 받침이 [ㄹ] 음가입니다.

설마 이 문자들이 중국 연나라 문자 계통의 한자라고 하실 분은 없으리라 봅니다.

161. 벼 도稻

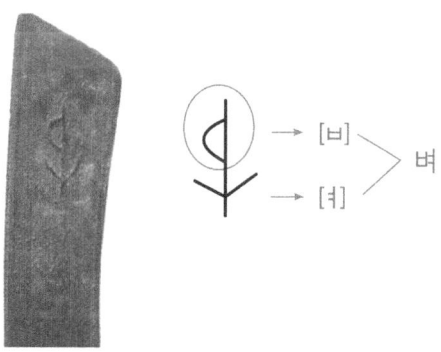

벼로서 낟알이 달린 모습을 표현합니다. P 모양처럼 보이는 부분이 [ㅂ] 음가이고, 아래 벼의 잎 부분이 [ㅕ]라고 봅니다.

162. 우케(미용도未舂稻)

未舂稻

우케(미용도未舂稻)는 찧기 위해 말리는 벼를 말합니다. 쌀알이 달려 있고, 벼의 잎만 말라붙어 있는 모양을 보아 『훈민정음』의 '우케(未舂稻)'라고 생각해봅니다. 이 자료는 우리가 만든 자료가 아니고 중국 자료입니다. 그런데 오천五千이라고 해석하는데, 전혀 말이 안 되는 문자 해석입니다. 五千이라면 五의 𠄠과 千의 千이 들어가야 하는데 이 문자는 𠄠, 千가 전혀 없는 문자입니다.

163. 쌀 미米

1) 연나라 壐의 米입니다.
2) 米 항목은 아예 없습니다. 공행工行으로 두 문자로 해석합니다. 저는 위 문자는 [날개]라고 해석했습니다. 아래 문자는 [노래]로 해석해 봅니다. 노래는 입을 벌리고 노래 부르는 모습을 표현했습니다.

3)

3) 제가 찾은 고조선 '쌀'입니다. 문자 위 부분은 벼가 넘어진 모습인데 [ㅆ] 음가이고, 아래 부분에서 점은 [ㅏ] 음가이고, 벼에서 나온 '쌀알'을 나타냅니다. / 모양은 [ㄹ] 음가입니다.

위 내용에서 보시다시피 삶에서 가장 중요한 쌀인데,『선진화폐문자편』27)에는 쌀 미米조차 항목에 없으며, 비슷한 문자는 공행工行으로 해석해 버리고 넘어갑니다.

164. 논밭

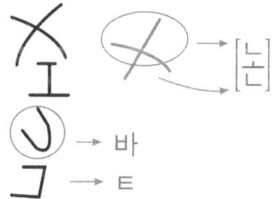

X는 ㅗ에 ㅣ를 더한 것으로 [ㄴ], 논의 단정한 모습을 나타냅니다. 아래 ㅗ은 [ㄴ], 그래서 [논]입니다. 그 아래 U는 [ㅂ], ㄱ은 [ㅌ]으로 [밭], U와 ㄱ은 삐뚤어 '밭'임을 나타냅니다. 논밭(田畓)으로 해석합니다.

---

27) 하림의(何琳儀),『전국고문자전(戰國古文字典)』下, 中華書局, 2004, 1304쪽; 오량보(吳良寶), 앞의 책, 251쪽.

165. 보리와 피리

처음에 '피리'로 읽고, 다음 '보리'라고 읽은 단어는 '보리피리'로서 보리도 되고 피리도 됩니다. 단군조선 시대 우리 선조들도 언덕 위에 올라 흐르는 시냇물과 구름을 보며 보리 잎으로 피리를 불었지요.

166. 밀

맨 위 문자는 밀의 씨앗이 발아하는 모습을 표현했다고 보며, 아래 문자는 [ㄹ] 음가를 표현한다고 봅니다.

167. 수수

수수는 볏과의 한해살이풀로서 인도가 원산지입니다. 줄기 높이는 1.5m~3m 정도이며, 한여름에 줄기 끝에 원추꽃차례의 꽃이 피고 가을에 열매가 익습니다. 열매는 곡식으로, 줄기는 비를 만드는 데 씁니다.

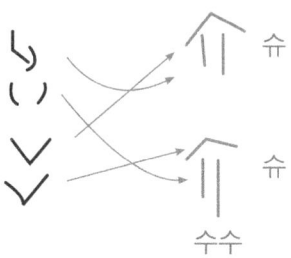

지금까지 '벼, 쌀, 보리, 밀'을 찾아보았습니다. 당연히 수수도 있겠지요. 이 문자를 처음에는 풀grass 혹은 불fire로 생각했는데, 곡식을 생각해보니 '수수'였습니다. 옛말은 '슈슈'(『훈몽자회』)였기에 더욱 잘 해석했다 생각합니다.

168. 피 직稷

『훈민정음』에 '피(稷)'라 나오는데, 기장을 말합니다. 기장은 볏과의 한해살이풀로서 수수와 비슷한 곡류로 이삭은 가을에 익습니다. 맨 위는 [피]로 기장의 곡식 부분을, 아래 부분은 기장의 전체 몸통 부분을 표현한 듯합니다. 최근에야 'civil' 님 자료에서 찾았습니다.

169. 쟈감(교맥피蕎麥皮)

'쟈감(교맥피蕎麥皮)'은 『훈민정음』에 나옵니다. 어려운 제시어입니다. 교맥은 메밀이란 뜻이고, 피는 껍질이란 뜻이지요. 『선진화폐문자편』에서 화폐번호는 3012번인데, 맨 위 문자는 外에, 아래 문자는 애매한 문자에 배당되어 있습니다.28) 저는 이를 [교맥피]라는 한자음으로 읽어 봅니다.

170. 풀 초草

위 문자는 [플]이란 음가를 가지고 [프]는 풀의 전체 모습을 아래줄은 [ㄹ]을 표현합니다. 밑에 문자는 [초]草란 음을 가지고 다시 풀을 그린 모양입니다.

---

28) 오량보(吳良寶), 앞의 책, 75쪽.

171. 난초 난蘭

난초를 닮아 [난]蘭으로 읽어 봅니다. 중국학자는 전혀 해석하지 못합니다.29)

172. 파 총葱

처음에는 마늘로 읽었는데, 파 총葱으로 읽어야 좀 더 정확한 듯합니다.

---

29) 위의 책, 309쪽.

173. 마늘 산蒜

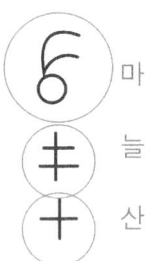

맨 위 문자는 [마] 음가를, 중간은 [늘]을, 맨 아래는 [산]蒜을 표현하고, 마늘을 매어 놓은 모습을 표현합니다.

174. 인삼 人蔘

이 문자는 '삼蔘'을 표현한 것입니다. 위의 문자는 [삼] 음가이자, 인삼의 전체 모습을 표현하고, 아래는 뿌리를 표현합니다.

175. 무

무라고 해석합니다. 채소 '무우'의 윗부분 반쯤을 표현했다고 봅니다.

176. 콩 두豆

『훈민정음』 제시어 '콩'입니다. 『훈민정음』에 콩은 대두大豆로 팥(픗)은 소두小豆라고 나옵니다.

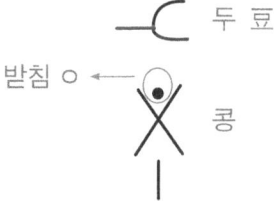

처음에 '킹'으로 읽었습니다. ㅣ이 [이] 외에 다른 모음 음가로 변한다는 것을 몰랐기 때문입니다. 또한 『훈민정음』에 제시되어 있는지 몰랐을 때입니다. 아래 [콩]을 해석한 후 위 문자를 연결해보니, 처음에는 제대로 음가가 나오지 않았습니다. 두豆라는 우리 한자음입니다. 왼쪽 ㅡ이 [우]라는 모음을 나타냅니다. 맨 위 문자는 콩이 들어 있는 콩 껍질이고, 다음 문자는 콩의 모양이 문자 안에 들어 있지요.

177. 팥

『선진화폐문자편』에 나오는 문자인데,30) 팥으로 해석합니다.

178. 도라지

이는 도라지인데, '지'에 해당하는 문자 중 일부를 변형했습니다. 맨 아래 줄 3개는 도라지가 군집으로 모여 있음을 표현합니다.

---

30) 위의 책, 312쪽.

179. 버섯(균심菌蕈)

버섯, 균심菌蕈입니다. 위의 ㅇ은 ㅁ으로 [ㅂ] 음가입니다. 버섯의 위 모양이지요. 아래 부분은 [ㅅ] 모양인데, 버섯 아래 모양을 만들기 위해서이고, 긴 ㅅ이니 ㅅ 두 개의 음인 [슷]을 나타냅니다. 버섯의 옛말은 『구방』에 제시된 '버슷'입니다.

180. 엿, 윷, 점 복ㅏ

윷과 엿으로 해석하는 순 우리말에 점 복ㅏ이란 고조선 천자문이 들어 있습니다. 먹거리는 '엿'이고, 놀이로는 '윷'이고, 모두 점을 치기도 합니다. 맨 아래는 상형한자 ㅏ입니다. 아래서부터 ㅏ은 [ㅈ]이 되고 ㅣㅣ은 [ㅓ:]가 되고 위의 S는 [ㅁ] 음가인 ㅁ을 풀어낸 것입니다. 이제 위에서부터 읽으면, S는 [ㅂ]이 되고, ㅣㅣ은 [ㅗ]가 되고, 아래 ㅏ은 [ㄱ]이 됩니다. 엿은 『훈민정음』에 나옵니다.

181. 송편

송편

이 문자는 달이 있는 [밤]을 표현했다고 보며, 동시에 추석 음식 [송편]을 표현했다고 봅니다.

182. 낚시

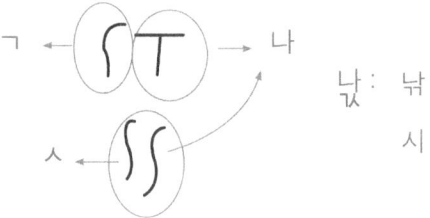

낚시의 『훈민정음』 표현은 '낛(釣)'입니다. 이 문자를 '낚시'라고 읽고 나서, 『훈민정음』 「합자해」를 살펴보니, 역시 제시 단어였습니다. 그러면 확실하겠지요. ㅜ는 ㅗ로서 [ㄴ]입니다. 앞에 낚싯줄인 ㄱ과 합쳐 '낙'입니다. 아래 문자는 'ㅅ'을 두 줄의 강물로 표현한 것이지요. 재치와 지혜가 가득합니다.

183. 연날리기

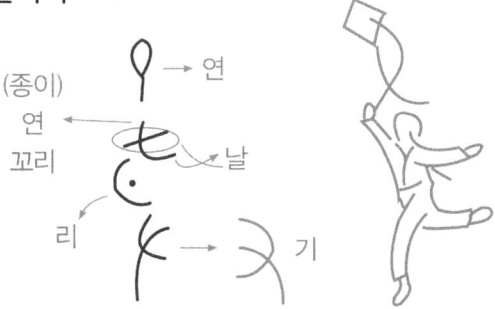

맨 위는 연으로 ㅇ 아래 ㅣ이 연이란 소리 및 연 모양을 나타냅니다. 다음 문자는 ㄴ에 선이 있는 것으로 [날]입니다. 부드러운 사선에 점은 [리]로서 어린이의 얼굴과 팔 모습을 나타냅니다. 아래 마지막 글자는 [기]입니다. 달리기 하는 아이의 발 모습을 그렸습니다. '연날리기' 확실하지요. 연과 연 꼬리는 무엇으로 만들지요? 종이이지요. 이미 단군조선 시대 종이가 있었다는 것이 여기서도 증명됩니다.

184. 정월대보름(달집태우기)

위에서부터 '달집태우기'라고 읽을 수 있습니다. 王은 [태우]를 모은 문자이고, 달집 태울 때에 세운 대나무 기둥을 의미합니다. 맨 아래 문자는 [기]이자, 횃불을 의미합니다.

185. 제기차기

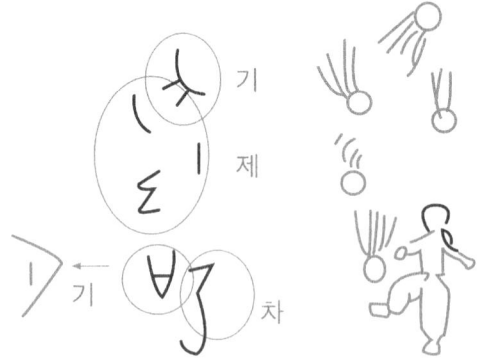

처음에는 맨 아래 문자가 애매했는데 '차기'라는 문자를 제기 차는 사람 모습으로 바꾸신 것입니다. ㅂ이 제기입니다. 3 각진 모습은 한 다리를 들어 올리는 사람 모습입니다. 제기차기는 '제기'가 공중에 올라가서 내려오는 모습을 문자로 표현하신 것입니다. 특히 '제기'의 '기' 부분은 하늘에서 떨어지는 제기의 모습을 특징적으로 표현하신 것입니다.

186. 팽이치기

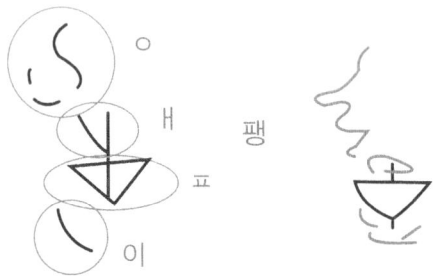

어린 시절 여러분들이 한번쯤은 해보았음직한, 손 팽이입니다. 맨

위는 감았던 팽이 줄을 푸는 모습이고 음가는 [ㅇ]입니다. 아래는 팽이가 도는 모습을 그렸고, [패] 소리입니다. 맨 아래 모습은 팽이의 회전을 표현하는데 [이]입니다.

187. 씨름

씨름은 아래 문자에서 복근을 자랑하는 씨름 선수의 상반신과 [씨]를 표현합니다. 위 문자는 [름]을 가지고 사람 모습을 표현합니다.

188. 공

이 문자는 현 한글과 동일한 문자입니다. 아래 ㅇ이 공의 둥근 모습을 표현합니다. 이 당시 공은 짚으로 만든 공과 돼지 오줌통으로 만든 공이 있었습니다. 혹은 대나무로 만든 공을 가지고 공을 찼을 겁니다.

189. 개비

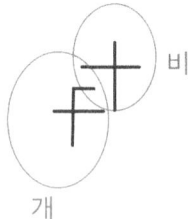

이 문자의 모습은 바람개비의 전체 모습을 [개비]라는 음가를 풀어서 표현하였습니다. 왼쪽 아래는 [개], 오른쪽은 [비]를 풀어서 十으로 만든 문자입니다.

190. 숨바꼭질

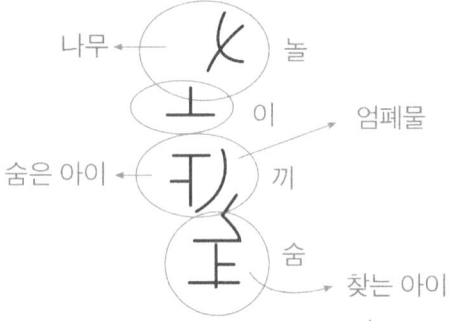

숨바꼭질은 놀이의 일종이요, 도술의 하나인 은둔술이요, 전쟁터에서는 호신법의 일종이지요. 어릴 때부터 몸을 보호하고 은폐시키는 술법을 놀이로 적용시킨 것입니다. 물론 술래가 되면, 은폐된 적을 찾아내고, 탐색하는 술법을 가르치는 것이지요. 맨 아래 문자 <가 [ㅅ] 음가이고, 아래 붙은 모양새가 [숨]으로서 찾는 술래를 나타내고,

이 글자로 [술래]도 되는 듯합니다. ㅋ 모양새는 [ㄲ] 음가이고, ノ 모양은 [이]면서 어떤 엄폐물입니다. 위 문자는 놀이[노리]라고 읽으며, 나무 모양새로 놀이가 나무를 중심으로 이루어진다는 의미입니다.

191. 썰매

한자로 썰매를 찾아보면, 절繐, 국樞 등이 있지만, 역시 기원한자를 알기 어렵습니다. 그 한자 문자는 기껏 만든 것이 솜털 취毳에 나무 목木을 붙여 만든 알 수 없는 단어입니다.

그런데 우리 '썰매'는 분명하지요. 위 문자를 완전하게 표현한 것은 중국에서 모아둔 화폐 번호 화계貨系 3020에서입니다.31) 문자가 위아래 갈려 잘 이해 못했던 문자들이 있었습니다. 外, 左, 右, 中이 대표적인데, 번호 따라 찾아보면 위아래 짝을 맞출 수 있습니다.

위 문자는 [매]이고, 아래 문자는 [썰]입니다. 위 문자는 앉아 타는 썰매로 D 부분은 썰매의 전체 모습을 보여주며 [ㅁ] 음가입니다. ㅏ 부분은 짚는 막대기 두 개에 음가는 [ㅐ]입니다.

3020

---

31) 위의 책, 75쪽.

192. 사람 인ㅅ

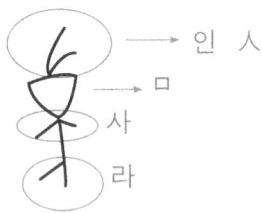

사람을 그린 문자이고, 머리 위의 두 줄은 오우관烏羽冠의 깃털을 표현하였다고 봅니다.

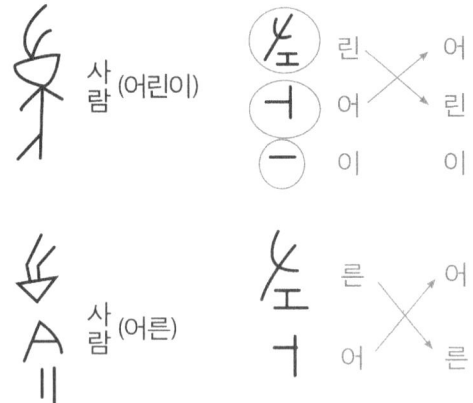

사람이란 상형 문자도 어린이와 어른을 달리 표현했습니다. 어른은 단정하고 긴 모습이고, 어린이는 얼굴 부위가 큰 모습입니다. 소리문자로 '어른'과 '어린이'를 표현하셨습니다.

193. 마음 심心

十을 중中으로 읽을 수 있어야 해독을 할 수 있습니다. 이 문자는 아래서 위로 중심中心으로 사람이 중심을 잡는다는 문자이고, 위에서 아래로 심중心中으로 사람 마음 가운데를 의미합니다. 순 우리말로는 위 문자가 [마], 아래 문자가 [음]입니다. 물론 심心은 한자 心을 생각나게 하면서 사람의 전체 얼굴을 표현합니다. 고도의 지적 표현입니다. 상하좌우에 치우치지 않는 마음이 진짜 마음이겠지요.

194. 몸 신(身)

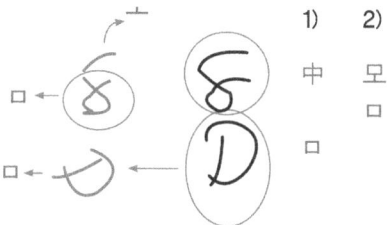

1) 중국학자들은 문자 위를 중中으로 알파벳 D 부분은 입 구(口)로 해석하는 듯합니다.32)
2) [ㅁ] 음가에 획수 하나 더 있는 것으로 [모]를 나타냅니다. 아래 D 모양은 사람 몸처럼 만들기 위해서 ㅂ을 D모양으로 만들었습니다.

---

32) 오량보(吳良寶), 앞의 책, 254쪽.

195. 머리 두頭

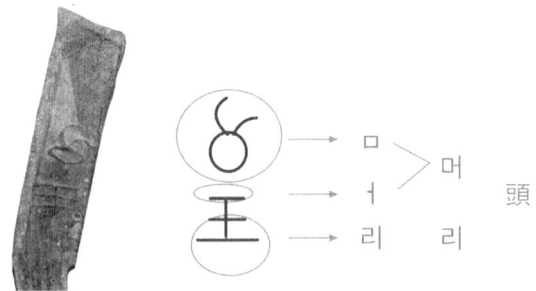

아래 王은 [ㅓ] 음가의 一과 [리]의 土가 결합되어, 머리가 사람 몸의 제일 중요한 부분으로 왕王에 해당함을 표현하며, 맨 위 문자는 사람 머리 모습을 나타냅니다.

196. 낯

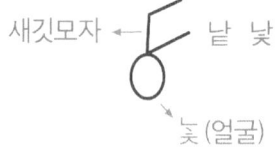

고조선 사람의 얼굴을 표현한 것입니다. 이전에 고대 한글로 이 문자 해석을 못했을 때, 그림으로만 해석하여 새 깃털 모자를 쓴 고조선 사람들의 얼굴이라 했습니다. 아주 정확히 맞춘 것은 아니지만, 이렇게 얼굴로 해석하고 나니 얼렁뚱땅 맞춘 것입니다. 소가 뒷걸음치다 쥐를 잡은 격입지요.

고대 한글로 ㄷ은 [ㄴ]입니다. 밑에 있는 ㅇ은 [ㅌ]입니다. [낟]인데, 얼굴의 '낯'인 것입니다.

197. 이마

처음에 '담'이라 해석한 문자입니다. 이마는 두뇌의 담이기도 하지요. 사람의 가장 중요한 부위를 보호합니다. 위 문자는 一[이]로서 이마 부위를 표현합니다. 아래 문자는 [ㅁ] 음가이지요. 눈을 표현합니다.

198. 거울과 눈썹眉

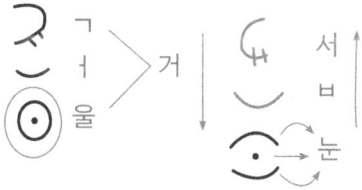

거울이라 해석한 문자였습니다. 이 문자는 복합 문자라고 봅니다. 아래 ㅇ는 [ㄴ] 음가 둘을 둥글게 결합시키고, 중간의 점은 [ㅜ]로서 '눈'을 표현합니다. 위에 문자는 [ㄱ] 음과 [ㅅ] 음을 동시에 사용하며, 아래에 작은 두 줄을 적어 넣어 눈썹을 표현합니다. 중간 문자는 [ㅂ] 음가이지요.

199. 코 비鼻

코 비鼻라는 문자로 해석합니다. 위의 문자에 콧구멍도 보입니다.

200. 입과 일

1) 이 문자는 이전에 [입]으로 해석했는데, 지금은 [일]work, 업業으로 봅니다. 『훈민정음』에서는 '업業'이 제시되었습니다. 일을 하면서 입을 다물고 한다는 의미라고 봅니다.
2) 얼굴에 입을 그린 [입]입니다.

201. 이빨

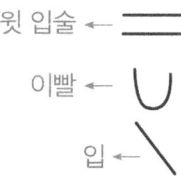

위에서 부터 읽으면, [이:팔]이 나오는데, 중간 문자가 이빨처럼 보이게 한 문자입니다. 맨 위는 윗입술을 상징하며 [이] 음가이고, U는 [ㅂ] 음가에 이빨의 모습을, 맨 아래는 [ㄹ] 음가에 입을 표현합니다.

202. 혀와 땀

이 문자는 위의 문자가 입의 모양새를 표현하면서 [ㅎ] 음가입니다. 아래 문자는 [ㅕ]로서 혀가 나온 모습을 표현합니다. 혹은 땀을 표현하기도 합니다.

203. 턱

맨 왼쪽이 『선진화폐문자편』[33])에 있는 낚시 바늘입니다. 중간에 것은 사람의 수염이 달린 턱 부분을 표현합니다. 맨 오른 쪽은 문턱의 '턱'을 표현합니다.

204. 뺨

쌈과 뺨으로 읽어 보았습니다. 물건을 싼 모습, 혹은 음식을 싼 모습으로 보았고, 사람의 뺨이라 읽어 보았습니다.

---

33) 위의 책, 314쪽.

205. 수염

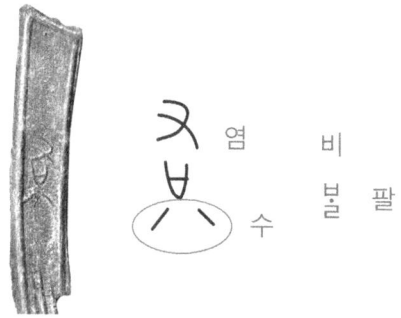

수염鬚髯이라고 읽어 봅니다. 위의 右를 사람 얼굴이라 보면, 수염鬚髯일 수 있고, 팔일 수도 있습니다. 수염으로 읽고 나니 아래 八 부분이 상당히 길어 보이니, 팔 비臂도 생각해볼 수 있습니다. '　'은 『훈민정음』「종성해」 제시어입니다.

206. 맥 혹은 목

이 문자의 위는 [매]이고, 아래 문자는 [ㄱ] 계통이니, [매기]나 [맥]脈, 혹은 [목]으로 보입니다. 문자는 사람의 맥脈을 잡는 모습이라 봅니다. 혹 사람 인체라면 '목'이라고 해석합니다.

207. 배 복腹

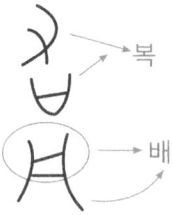

이전에 힘으로 생각했던 단어는 배 복腹이었습니다. 아래 문자는 [배]를 나타내는 음과 모습입니다. 위 문자는 복腹입니다.

208. 갈비뼈 혹은 폐肺

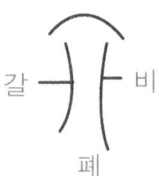

인체의 갈빗대 부분과 그 안의 폐肺를 동시에 표현하고 있다고 봅니다.

209. 트림

이 단어는 '트림(트름)'으로 읽어 봅니다. 위 문자는 '트'로서 사람이 입을 벌리고 끄윽하고 트림하는 모습이고, 아래 문자는 '림'으로서 몸 내부에서 탁한 기운(가스)이 올라오는 모습을 표현했다고 봅니다.

혹은 '비틀', '비틀(다)'에서 '틀'이라고 읽을 수 있습니다. 이는 사람이 비틀거리는 모습이거나, 사물을 비트는 모습을 표현합니다.

혹은 사물이라면 용수철(스프링)이라고 봅니다. 의태어라면 '빙글빙글'이라고 읽어 봅니다.

210. 팔과 발

1) 팔을 표현했다고 봅니다.
2) 발을 표현했다고 봅니다.

211. 허리(곁) 협脅

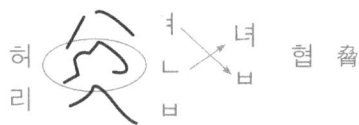

허리 협脅입니다. 허리라는 상형한글이기에 현대한국어 [허리]라 해도 들어맞고, 『훈민정음』「합자해」의 '녑'이라 해도 들어맞는 것이 지요. 중국학자들이 은근슬쩍 中行이라 한 문자34)에 들어 있는 이것은 사람이 허리에 손을 얹어놓은 것으로 '허리'라는 단어입니다.

212. 등

문자 대응이 어려웠던 것은 ㅇ을 풀어서 ∧ 두 개로 만들었기 때문입니다. 사람의 등 모습을 표현하는데, 그림은 산등성이에 눈이 온 모습입니다. '등'의 조선 시대 표기는 종성이 '옛이응 ㆁ'으로 [ㄱ]과 [ㄴ] 음가 사이 혹은 [ㄴ]과 [ㅇ] 음가 사이입니다. 옛말 '등'은 『용비어천가』에 나옵니다. 문자가 나타내는 사물이 둥글지 않으니, 둥글게 표기하지 않고 이 문자35)처럼 산등성이 모양으로 표기했겠지요. 특히 북한말로 '산등성이'라는 의미라니, 더더욱 확실하지요.

---

34) 위의 책, 251쪽.
35) 위의 책, 290쪽.

213. 다리 각脚, 다리 교橋

이전에 위 문자를 순 우리말 [다리]로 아래 문자를 한자음 [교]로만 읽었습니다. 이 문자는 다리 안에 [각]脚 음이 들어간 것이고, 아래 교橋 안에 [다리]가 들어 있는 문자입니다.

214. 오장五臟

한자어로 [오장]五臟을 표현하는 한자어입니다. [오]는 소리문자이고, 아래 [장]은 오장의 공통적인 모습을 표현합니다.

215. 대장과 소장

이전에 아래 문자를 배로 보았는데, 돛 범帆, 닻 정碇은 인체에 들어오면, 대장大腸이 되고, 소장小腸이 됩니다.

216. 꿈 몽夢

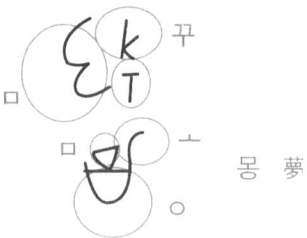

꿈 몽夢이지요. k 모양은 [ㄲ] 음가를, T는 [ㅜ:] 음가를 표현하고, ㅌ 부분은 [ㅁ]을 풀어 놓은 것입니다. 그리고 '잠꼬대'라고도 해석 가능합니다.

217. 생각

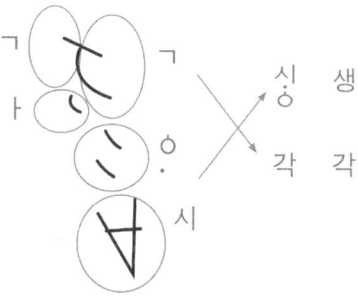

생각(싱각)인데, 옛말을 찾아보기 전에는 확신이 없었습니다. 옛말을 『능엄경언해』에서 찾아보니, '생'의 종성이 열매 ㅇ이므로 선으로 표현할 수 있습니다. 맨 아래는 사람의 얼굴과 머리로서 [시]입니다. 위의 선들은 생각이 일어나서 위로 올라가는 모습인데, '열매 ㅇ'은 선으로 표시합니다. 맨 위 문자는 ㄲ을 서로 맞대어 있는 모습으로 [각]에 해당합니다.

218. 인칭대명사

1) ㅏ 나   2) ㅓ 너
3) ㅐ 우리   4) ㅜ 나라

조금 더 생각해야 할 부분은 있지만, 'ㅣ(수직선)이 천지인 중 사람이다'라는 『훈민정음』에 따라 1) 'ㅏ'는 [나], 2) 'ㅓ'는 [너]라고 해 봅니다. 3)은 나와 너가 합친 우리가 되고, 4)의 위아래는 나라라고 해석해 봅니다.

5) 그는 현대 한글 방향만 돌린 것이고, 6)에서 ㄸ은 [ㄴ] 음가에 다음 ㅓ는 [ㅕ] 음가에, 그래서 [그녀]가 됩니다.

219. 손자孫子

해석해 놓고 보면, '아하!' 하며 감탄하게 됩니다. 맨 위 문자는 ε으로 [ㅈ] 음가에 배당하기 쉽습니다. 하지만 이 문자는 [ㅅ] 발음 계통의 문자를 사람 모양으로 만든 것입니다. 왜냐하면 할아버지로서 지팡이를 잡고 있는 모습으로 표현해야 하기 때문입니다. ㄸ은 [ㄴ] 음가이면서, '나'이지요. P는 [자] 음가입니다.

아래에서 위로는 [전차]戰車가 됩니다. 이미 이 당시 전차가 있었음을 역사서에서 찾을 수 있습니다.

220. 가족 호칭

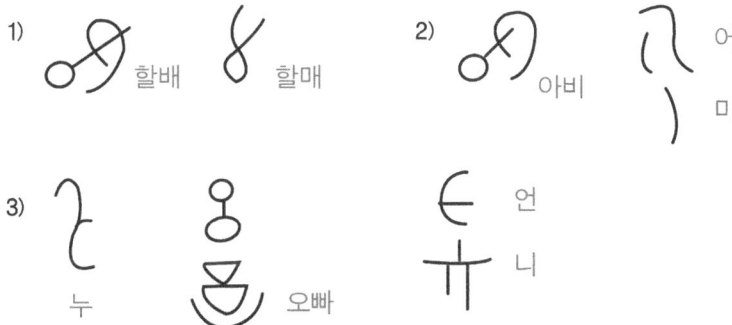

아빠와 할배는 상투의 높이로서 표현합니다. 할매는 여성의 얼굴로 표현하고, 엄마는 아기를 가진 모습으로 표현합니다. 누는 댕기를 땋은 모습으로, 오빠와 언니는 소리 음가로서 문자를 표현합니다.

221. 딸과 아들

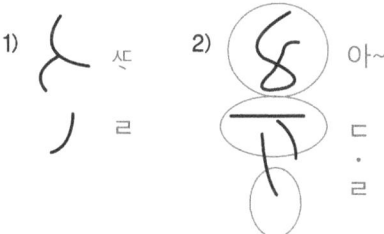

1) 'civil' 님 자료를 보면서 '딸'이라 해석했습니다. 『용비어천가』에는 '뚤'로 나옵니다.
2) 이 문자가 아들을 나타낸다 봅니다. 아들이 활기차게 뛰노는 모습입니다. 옛말 '아들'은 『용비어천가』에 나옵니다.

222. 아사(동생과 아침의 동철이의어)

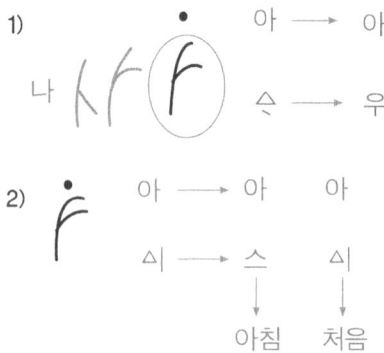

1) 이전에 '아우弟, younger brother'의 옛말 『훈민정음』의 '아ᅀᆞ'로 제대로 해석한 단어입니다. 아래 문자는 [나]와 연관이 있고, 人(사람 인)이라는 한자와도 연관이 있다는 말입니다. '나'라는 문자보다 손의 위치가 더 올라가서 더 어린 모습을 표현합니다.
2) '아침朝, morning'의 고조선 첫 옛말 [아스, 아사]와 '처음初, first'의 옛말 『훈몽자회』의 '아ᅀᅵ'를 표현합니다. 아침이 되어 나무 위로 해(太陽)가 떠오른 모습을 나타냅니다. 혹은 아침에 일어나 몸을 쭉 기지개를 펴는 모습입니다.

이 해석도 그럴듯하지요. 밤昏夜, night이라는 단어가 이어지면 더더욱 그럴듯하겠지요. 밤에 나타나는 '보름달'과 '초승달'입니다.

이전에 '송편'으로 해석한 단어입니다. 음식은 송편이고, 자연 현상으로는 '밤'이 됩니다.

223. 아기

절하는 모습 같기도 하지만, 머리가 커 보이니 아기baby 같습니다. 절은 이미 찾았기에, 아기가 좀 더 정확합니다. 제명도齊明刀라고 하는 화폐에 새긴 그림 문자인데, 아기를 표현한다고 봅니다. 이 제명도도 단군조선 상형한글 화폐입니다. 물론 중국학자 그들은 이 문자 해석 못합니다.36)

224. 갈(칼)과 날

1) 갈(칼)입니다. 칼의 옛말은 [갈]입니다.
2) 날입니다.
3) 칼날을 표현했다고 봅니다.

---

36) 위의 책, 305쪽.

225. 창 모矛

　창의 모습으로 [창]과 [모]를 표현합니다. ▽은 [ㅈ]이고 ㅣ까지 [ㅊ]이니, [차]이고, 안에 점은 [ㅇ]이니 [창]이고, △은 [ㅁ]이고, ㅣ은 [ㄴ]이니 [모]이지요. 중국에서는 제명도라 하지만 그들은 해석 못합니다.[37]

226. 노弩

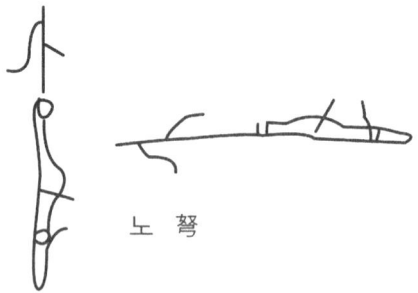

　이 그림문자는 노弩라는 화살 쏘는 무기입니다. 누가 보아도 활을 쏘는 무기라는 것을 알 수 있습니다. 고조선에서 최초로 만들었음을 알 수 있습니다. 제명도齊明刀라고 하는 화폐에 새긴 그림 문자인데, 노라는 화살 쏘는 무기입니다. 이 제명도도 단군조선 상형한글 화폐인 것입니다. 물론 중국학자 그들은 이 문자 해석 못합니다.[38]

---

[37] 위의 책, 310쪽.

227. 갑옷

이 문자는 아랫부분만 갑⽤옷이라 봅니다. 그런데 상형한글의 '갑온'을 보시면 거의 완벽하게 몸에 착용하는 '갑옷'을 표현합니다.

여기서 부터는 악기를 살펴봅니다.

228. 나팔

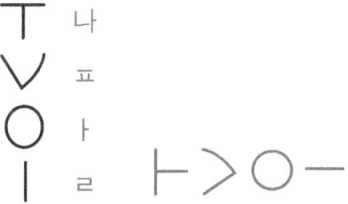

T는 ㅗ 돌린 것으로 [내] 음가, V는 [파] 음가, O은 [ㅌㅎ] 음가인데, 위의 V 소리에 흡수 혹은 묵음되고, ㅣ은 [ㄹ] 음가로 [나팔]을 뜻합니다. T는 나발 모습을 상형하고, V는 입을 벌린 모습, O은 사람 얼굴 혹은 눈, ㅣ은 목입니다.

---

38) 위의 책, 305쪽.

229. 거문고와 과(금주琴柱)

39)

처음에 악기 종류, 기, 태극太極으로 읽은 문자는 거문고와 과(거문고 줄받침 기둥)였습니다. 고구려 벽화에 옛 거문고가 있었음이 밝혀졌습니다. 이 악기도 전통 고조선 악기임이 이 문자를 통해서 알 수 있습니다. 예시 단어는 역시 『훈민정음』에 나와 있습니다. 거문고와 과(금주琴柱), 이래서 제가 우리 민족이 세계 최초의 현악기 거문고를 만든 민족임을 밝혔습니다.

230. 북과 장고

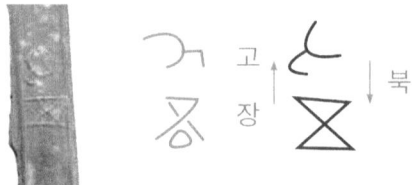

위에서 부터는 북이고, 아래서 부터는 장고입니다. '부'는 북을 치는 손 모양을, 아래는 [ㄱ]인데, 한글 음으로는 좀 남습니다. 그러니

---

39) 위의 책, 314쪽.

북 고鼓이겠지요. 아래부터 읽으면, 장고 혹은 장구이지요. '장'이란 문자를 정말 장고로 상형했다는 것이 놀랍습니다. 그래서 악기 중에, 나팔, 거문고, 장고, 북이 고조선부터 있었음을 알 수 있습니다.

지금 부터는 항목에 분류하기 어려운 문자들을 살펴봅니다.

231. 절(뎔) 사寺

절의 옛말 '뎔(佛寺)'은 『훈민정음』에 나옵니다. 물론 고조선 시대에는 삼성각의 환인, 환웅, 단군을 모신 곳이었습니다. 기와가 올려진 신성한 건물을 표현하셨습니다.

232. 절(인사), 잘(하다)

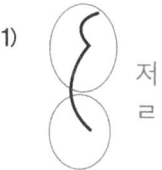

처음에 '절'이라 해석한 단어는 '잘'이었고, ε 자 길쭉한 것이 '절'이었습니다.
1) 아래 긴 부분이 [ㄹ]이었습니다. 절을 한 모습을 표현합니다. 정말 놀랍지요.

2) 무릎을 꿇고 앞으로 '잘' 하겠다고 하는 것입니다.

233. 책 책冊

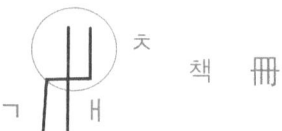

책은 우리말이자 한자어이지요. 제가 엄청 찾았습니다. 이 책은 대나무를 종이 대신 사용한 죽간竹簡을 묶은 데에서 유래합니다. 물론 단군조선엔 종이가 있었지만, 저렴한 책에 필기를 해서 가지고 다니거나, 집에서 공부했겠지요. 『선진화폐문자편』40)에 있는 이 문자를 대나무 책으로 읽어 봅니다. 오른쪽 ㄴ 부분이 [ㅊ] 부분이고, 중심의 ㅣ 부분이 위아래로 [ㅐ], 왼쪽 ㄱ 부분이 [ㄱ]이 됩니다. 아래에 나오는 상형한자 冊을 반쯤 보이시게 하면서 [책]이란 음가에 맞추신 것입니다.

---

40) 위의 책, 307쪽.

234. 수레 차車

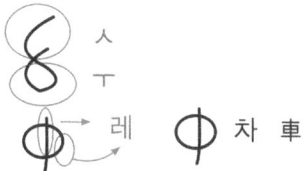

맨 위의 긴 선은 [ㅅ] 발음을 의미하고, 아래 [레]의 [ㄹ]은 직선으로 [ㅔ]의 두 줄은 원으로 만들어 수레 모습을 표현합니다. 마차를 타고 가는 '수레'의 모습을 표현하신 것입니다. 혹은 한자어로 마차馬車를 표현하신 것이기도 합니다.

235. 자 척R

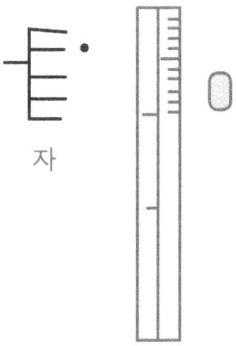

이 문자는 [자 척]을 풀어 자처럼 문자를 만든 것으로, 자의 위 음가는 [자] 아래 그림 부분은 [척]R의 음가입니다.

236. 우산

모습 그대로 우산이나 양산을 표현합니다. 『훈민정음』에 '슈룹'이라 나옵니다.

237. 독 옹甕

맨 위 문자는 [ㄷ] 음가이고, ㅇ은 [ㅗ], ㅜ은 [ㄱ] 음가를 표현합니다. 맨 아래 문자는 항아리 밑바닥이나 옆면에 표시하는 문자를 표현합니다. 이는 아라가야 지역의 함안에서 나온 토기에 표시 부호가 있기에 알게 된 것입니다.

238. 베개

맨 아래 문자는 옆으로 누운 모습을, 중간은 '베개'를 베고 있는 모습을 나타내며, 모음이 중첩된 것은 맨 위의 문자로 표현합니다.

239. 두레(급기汲器)

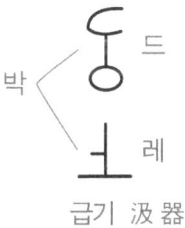

급기 汲器

『훈민정음』의 제시어로서 '드레(汲器)'입니다. 우물물에서 물을 떠 올리는 도구입니다.

두레박이지요. 문자로는 당연히 물을 떠 올리는 모습이 그려져 있겠지요. 이 문자에서 ㅇ은 '두레박'이고 아래 문자는 우물을 표현하고자 했습니다. 한자로는 上을 돌린 모습인데, 물을 위로 떠 올린다는 의미를 나타냅니다.

240. 손톱깎이

손톱깎이인 듯합니다. 빨래집게일 수도 있겠지요.

241. 고깔

이 A는 고깔모자입니다. 특히 문자가 한 번 더 겹쳐 진하게 되어 있습니다. 이는 A A를 겹친 것으로, 앞 A는 [곳], 겹친 A는 [갈]입니다. 단군조선 조부모님께서 여러분에게 멋진 모자 보여 주셨습니다. 현재까지 '무당'이란 단군 무속에 남아 있지요.

242. 붓 필筆

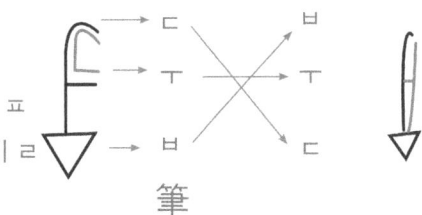

붓의 모습을 표현합니다.

243. 벼루와 먹

설명할 필요도 없이 벼루와 먹을 나타냅니다. 먹은 끝부분이 가늘어져 있습니다. 벼루 연硯, 『훈민정음』에 나옵니다.

244. 싸리 회초리

위 문자는 중국학자들이 외ㅆㅑ라고 하는데, 이는 [싸리]라는 상형한 글입니다. 싸리나무가 휘어지면서, 무엇인가 만들 수도 있다는 표현이십니다. 이를 ㅆㅑ라고 해석할 만한 근거가 아무 것도 없습니다. 옛말 '뿌리'의 출처는 『언해두창집요』입니다. 아래는 제가 '회초리'라고 해석했습니다.

245. 그림 화畵

맨 위 문자는 '그'로서 붓을 표현하고, 아래 문자는 그림의 선을 보여주는 [림]입니다.

246. 걸음

사람이 걷고 있는 모습입니다. 걸음 즉 보행步行을 표현합니다.

247. 춤과 다가감

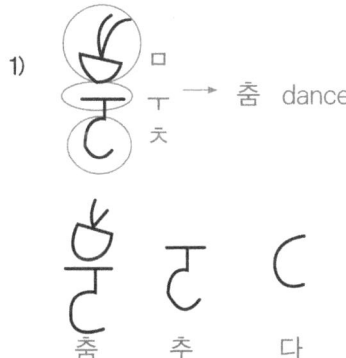

단순히 보면, 같은 문자이지만, 단군조선 문자가 보이면, 거의 같은 문자도 다르게 해석할 수 있습니다.
1) 춤이나 '돌다'의 명사형 '돎'입니다. 아랫부분이 [추]이자 사람이 춤을 추며 돌고 있는 모습이요, 윗부분은 [ㅁ]이자, 얼굴을 약간 들어 올려 춤추는 모습을 실감나게 표현했습니다.

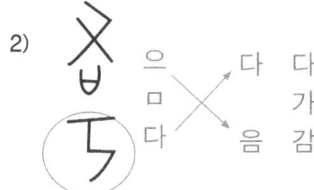

2) 다음 혹은 다가감, 아래 문자는 [다]입니다. 발걸음을 작게 하고 무릎을 굽힌 모양새입니다. 위에 ㄱ 모양새가 뚜렷하니, '다가감' 으로 해석할 수 있고, 혹은 [다음]으로 혹은 [도움]으로 해석할 수도 있습니다.

248. 사랑(괴여)

이제 '사랑하다'를 표현해볼까요? 해(태양)도전의 고대 한글이 보물이라면, 『훈민정음』은 보물지도와 같은 것입니다. 한민족 최고의 보물이자 인류 최고의 보물이지요.

'사랑하다'를 근대조선 조부님들은 내가 사랑할 경우 '괴여(我愛人)'라 하셨고, 상대방이 나를 사랑할 경우 '괴여(人愛我)'라고 하셨다고 『훈민정음』에 기록하고 있습니다.

고조선 조부님들은 어떻게 표현했을까요.

1) 내가 주체가 되면 사랑하는 사람에게로 다가가는 모습을 그렸습니다.

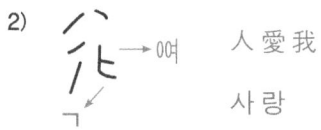

2) 상대방이 나를 사랑할 경우, 발을 뒤로 해서 사랑하는 마음을 받아들일지 생각한다고 표현하셨습니다.
『훈민정음』이 없었다면, 사랑愛을 어떻게 찾을 수 있었겠습니까?

249. 동작 동사

1) 차다
2) 앉다
3) 받다, 끌다
4) 던지다
5) 들다
6) 오르다

7) 꿇다
8) 치다
모두 사람의 동작을 그대로 그림으로 그린 것입니다.

250. 숫자(1~10)

숫자를 정리해 봅니다.

1) '하나', 약간 애매하지만 天의 모양을 하나라고 봅니다.
2) '둘', 〈이 ㄷ으로 바뀐 정도이지요.
3) '셋'에서 중간 부분이, ㅜ가 [ㅔ] 소리임을 확인하시면 되지요.
4) '넷'에서 ㅜ는 [ㄴ] 음가이고, 왼쪽 ‖은 [ㅔ], ㅜ 아래 ㄱ은 [ㅅ]으로 읽습니다.
5) '다섯', 이 문자에서 ㅅ 부분이 〈을 돌려놓은 것이라 보고, 이 문자를 [다섯]으로 읽습니다.

6) '여섯'에서 아래 부분 [ㅅ] 음가를 짧게 표시해서 ㅡ로 하거나 ㅜ를 [ㅅ] 음가로 보고, 중간의 [어]는 원 문자라고 보면, 이 문자가 '여섯'입니다.
7) '일곱', 오른쪽 조금 찍은 부분이 [일]이고, 왼쪽 부분이 [ㄱ]이고, 아래 부분이 [옵~]으로 봅니다.
8) '여덟' ∩ 부분이 [ㄷ]을 돌렸다고 보며, 아래 부분이 [래]을 묶어서 표현했다고 봅니다.
9) '아홉' [아~]를 긴 음으로 표현하고, 아래의 왼쪽 부분이 [ㅎ] 음가에 [ㄴ]가 붙었다고 보며, [ㅂ] 음가의 U를 돌려 'ㄷ'으로 표현하신 것입니다.
10) '열' ┼의 음가는 [여]이고, 아래 부분이 [ㄹ] 음가의 결합이라 봅니다.

이 자료는 『선진화폐문자편』에 모아 두었는데,[41] 면䤵으로 해석해 두고 있습니다만, 중국의 엉터리 해석입니다.

---

41) 위의 책, 248~250쪽.

251. 천千

이 문자를 이전에 아래에서 위로 '같은'으로 읽었는데, 이 문자는 위가 [천] 혹은 [틴], [텐]이고, 아래가 千이란 상형 문자라고 봅니다.

252. 점點

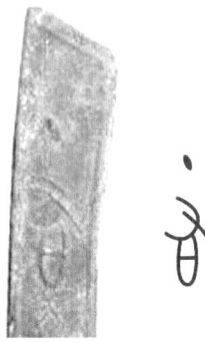

이 문자는 위에 점이 있고, 아래는 [점]이란 문자입니다.

253. 사선斜線

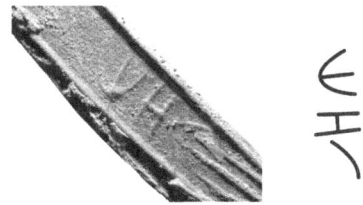

아래부터 읽은데, 아래 빗금 \은 한자음으로 [사]斜로 읽습니다. 위 문자는 [튼], [왼], [은], [손], [선]으로 읽을 수 있는데, 여기서는 '비스듬한 선' 혹은 '사선斜線'을 표현합니다.

254. 수평선과 수직선

1) ○ 둥금 원 / 근 둥
2) □ 네모 / 난 네모
3) △ 세모 / 난 세모

지금까지 나왔던 문자와 나올 문자를 포함해서 해석했습니다.
1) 둥근
2) 네모(난)
3) 세모(난)

4) 수직선
5) 수평선
6) 각 도형은 도형 모양으로 표현합니다.

255. 각角

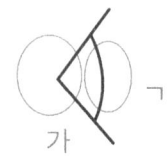

『선진화폐문자편』42) 문자인데, 각을 표현했습니다.

256. 구멍

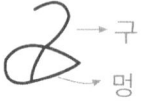

『선진화폐문자편』43) 문자인데, ㄱ이 구멍에 빠진 모습을 표현합니다.

---

42) 위의 책, 311쪽.
43) 위의 책, 289쪽.

257. 살과 털, 갈기

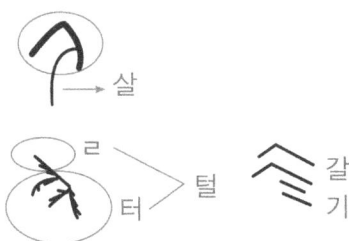

『선진화폐문자편』44) 문자인데, 살과 털이라 읽어 봅니다. 오른쪽은 말의 '갈기'를 표현합니다.

258. 책상과 의자

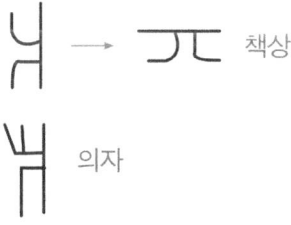

『선진화폐문자편』45)에 나오는 위 문자는 책상과 의자를 표현합니다.

---

44) 위의 책, 289쪽.
45) 위의 책, 307쪽.

259. 산 혹은 산맥, 사다리

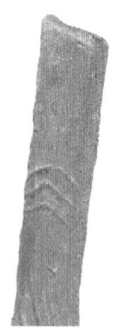

이 문자는 산이나 산맥을 표현합니다. 혹은 사다리를 표현합니다.

260. 고욤

이전에 '독거미줄'로 읽은 문자가 들어 있는 사진입니다. 중간은 어려우니, 좀 유보하고, 맨 오른쪽은 '고욤'이라 읽습니다. 고욤은 『훈민정음』에 있습니다.

261. 오른, 주운, 담배

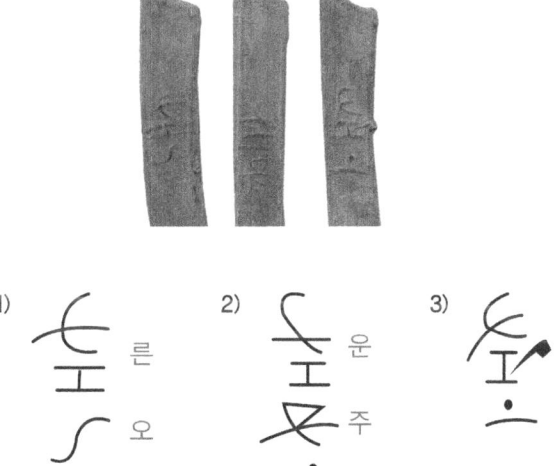

1) '오른'이라 읽어 봅니다.
2) '주운'이라 읽어 보는데, ∆은 [ㅈ]이고, 아래는 [ㅜ]인데, 점은 줍고자 하는 물건, 위의 문자는 [운]입니다.
3) 담뱃대를 들고 있는 모습이라 보는데, 좀 애매합니다. 정말 이 당시 담배를 피우셨을까요? 점이 음각인데, 이는 담배의 불이 다 타고 재가 된 상태를 음이라 보고 음각하신 듯합니다. 만약 담배라면, 전 인류 중에 담배 재배와 흡연도 제일 처음으로 기록할 수 있군요.

262. 말 언言

위 문자는 [말]이고, 아래는 [언]이면서 한자 言을 생각나게 합니다.

263. 그물

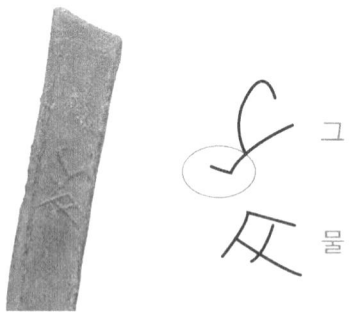

위 문자는 '그'이고, 아래 문자는 그물과 물고기 형상을 '물'에 맞추어 만든 문자입니다.

264. 말타기

아래 문자 2개는 물구나무서기를 표현하셨고, 맨 위는 사람 등 위에 달려가서 타는 말타기 어린이 놀이를 표현하셨습니다.

265. 나무, 나물, 숲

맨 처음 문자는 '나무'이면서 한자 木입니다. 다음은 나물도 아래서 위로 읽는데, '나물'입니다. [ㄹ] 음가가 맨 위에 한 획으로 나물을 표현합니다. 오른쪽은 '숲'을 표현합니다.

266. 봄 춘春

봄 춘春입니다. 이전에 '봄'이라고 해석한 문자인데, 아래서부터 위로 [춘]春이라고 읽을 수 있습니다.

267. 돌 석石

맨 위는 돌이고, 아래는 [석]石이란 문자음이지요. 물론 『훈민정음』 제시어입니다.

이제 중요 형용사를 살펴봅니다.

268. 깊은 심深

물의 깊은 곳을 표현하신 깊은 심深입니다. 아래는 물이 흘러가는 모습을 표현합니다.

269. 낚(시)와 낚은

1) 앞에서 한 낚(시)입니다.
2) '낚'이란 명사형이 연음 법칙에 따라 낚은[나끈]이란 형용사형으로 표현되었습니다.

270. 계신

맨 위의 문자는 [신]이란 문자이고, 아래 문자는 [계]라는 문자입니다. 존칭어가 들어간 문자입니다. 존칭어가 들어간 문자이므로 고조선 문자이고 연나라 한자가 아님을 또 확인할 수 있습니다.

271. 엇갈린, 짝

이전에 X를 '다른'으로 해석했는데, '엇갈린 차叉'로 해석합니다. 두 번째 문자는 쌍雙이란 뜻의 '짝'으로 해석합니다. 『훈민정음』 예시 단어입니다.

272. 하늘 천天, 땅 지地

이 문자는 하늘과 땅을 표현합니다.

273. 쇠 금金

이 문자는 쇠 금으로 쇠로 만든 칼을 무기로 가지고 있다는 의미입니다.

274. 구리 銅

『훈민정음』제시어이자 문자를 찾고 난 다음 감탄한 문자 중의 하나가 구리입니다.

1) 현 한글 '구리'와 위아래 배열만 다를 뿐 거의 같습니다. 구리가 휘어지는 성질이 있으니, 이를 그림으로 표현하신 것입니다. 특히 단군조선한글 '구'에서 아래 ㅜ는 ㅡ이 [ㄱ]이고, ㅣ이 장음을 나타내는 것으로 [구:]입니다. 현 한국어도 구리[구: 리]입니다. 장음 ㅜ 표시가 우연히 훈민정음 ㅜ와 같게 된 것입니다. 위의 ㄹ은 [리] 음가이고 뒷부분이 길어진 것이 [이] 음가입니다.

2) 이런 예가 또 있는데, '소'입니다. 원래 [쇼], [쇠]라고 소리 나는 것으로 'ㅅ' 아래 ㅣ이 [ㄱ]를 나타내고, ㅡ이 음을 첨가시키는 표시를 하는 것입니다. 음을 첨가 시킨 표시 ㅗ가 우연히 훈민정음 ㅗ와 같게 된 것입니다. 그래서 훈민정음의 사람인 ㅣ과 땅인 ㅡ도 원래 단군조선의 중성모음이었습니다.

3) 『선진화폐문자편』「銅」 항목 자체가 없습니다.

4) 『전국고문자전戰國古文字典』「銅」(421쪽)에 있는데, 연나라 문자는 없습니다. 대략 다른 전국시대 나라들과 비슷했겠지요. 예는 전국시대 다른 나라 문자입니다.

275. 조사

1) 주격조사 [이]입니다.
2) 처소격 조사 [에]입니다.
3) 단어 사이를 이어 주는 [의]입니다.
4) 목적격 조사 [을]이며, 아래 문자 모양새가 조금 둥급니다.
5) 목적격 조사 [를]이며, 아래 문자 모양새가 조금 각집니다.

276. 여우털

『훈민정음』에서 제시한 단어입니다. 이 문자는 『선진화폐문자편』[46]에 실려 있는데, 중국학자는 中行이라 해석합니다. 누구라도 이 문자가 中行이란 한자가 아님을 알 수 있습니다.

---

46) 위의 책, 251쪽.

277. 바둑판

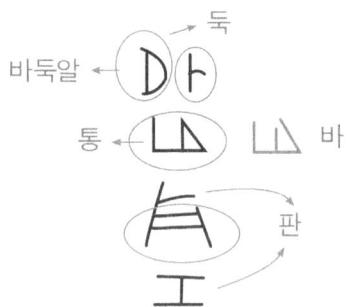

　제가 마지막으로 단군조선 바둑과 바둑판을 선물해 드립니다. 두 번째 문자는 凵[ㅂ]에 중간선이 있지요. [바]인데, 옛날 단군조선 바둑통입니다. 맨 위는 D 이 [ㄷ] 음가인데, 이는 단군조선의 문자와 음가가 서양에 건너간 것입니다. ㅏ는 [ㅜ], [ㅠ] 음가입니다. D는 바둑알을 표현합니다. 맨 아래 ㅍ 세운 모습은 [ㅍ]이고, 위에 ㅏ[ㅏ]이지요. 이 모습은 바둑알을 두는 손 모습을 표현합니다. 한글 ㅍ은 세종께서 바둑판을 옆으로 돌리신 것입니다. 그 아래 工은 [ㄴ]이지요.

10장... 수사 최종 보고서

수사관: 허대동

수사 대상: 명도전 화폐와 뒷면 문자 국적

  이렇게 모든 수사는 끝났습니다. 명도전은 현재 국사책에 연나라 화폐라 되어 있습니다.

  그러나 위에 제시한 수많은 증거 문자들을 통해서 명도전은 고조선의 화폐이고, 그 뒷면의 문자는 가림토 상형 한글임을 알게 되었습니다. 특히 명도전 앞에 있었던, 침수도針首刀와 첨수도尖首刀의 문자는 거의 가림토 상형 한글로 구성된 고조선의 문자입니다. 그래서 빠른 시간에 현재 국사책에 연나라 화폐라고 되어 있는 명도전의 국적을 연나라에서 고조선으로 바꾸고, 그 문자를 가림토 상형 한글 문자임을 세상에 알려야 하겠습니다. 첨부자료를 통해 수사 내용을 보충하겠습니다.

첨부 자료 1. 연 방족포方足布 문자로 명도전을 살피다.

지금까지 모든 학계가 인정하는 일반론은 연나라가 명도전과 방족포를 모두 발행했다는 것입니다. 그러면 방족포方足布(끝이 모가 난 포전 형식의 화폐)에 있는 문자나 그 형식이 명도전에도 반영되어야 상식이겠지요. 하지만 방족포 위의 문자는 거의 모두 해석되었으며 주로 지역 이름입니다. 제가 『역대고전도설』이란 중국 책을 가지고 있습니다. 40~54쪽에 수록된 많은 방족포 어디에도 명도전 형식의 문자 체계는 없습니다.

방족포 위의 문자는 평양平陽, 안양安陽, 택양宅陽, 어양魚陽, 양읍陽邑, 평음平陰, 양음壤陰, 장자長子, 기씨奇氏, 토이土易 등 연燕나라와 한韓나라의 지역 외에 다양한 나라의 지명을 나타냅니다.

다음 좌우左右가 있기는 하지만, 역시 단 한자로 뒷면에 있으며, 우대右大라는 두 글자도 누구나 읽을 수 있습니다.

이도 연나라 지역의 방족포가 아니라 도양陶陽이라는 제나라 지역이라 추정되는 곳입니다. 제가 보기에는 도양陶陽도 안양安陽 같아 보입니다만, 안양安陽이 어디에 있습니까? 은나라의 유적이 나오고 지금의 하남성에 있는 지역입니다.

전국시대에 조趙나라 지역인데, 위魏나라 국경 근처 즉 중원 쪽에 있는 지역입니다.

지금은 중산中山국이 있었다라고 여겨지는 곳입니다. 초기 형식의 포전(춘추 시대라 예측)에도 문자가 거의 한 개씩 새겨졌는데 이도 거의 다 해석되었습니다.

좋은 자료가 있습니다.

|앞면 사진

첨족포(끝이 뾰족한 포전)와 방족포가 다 들어 있는 사진이 있습니다. 특히 아래 중간이 안양安陽입니다.

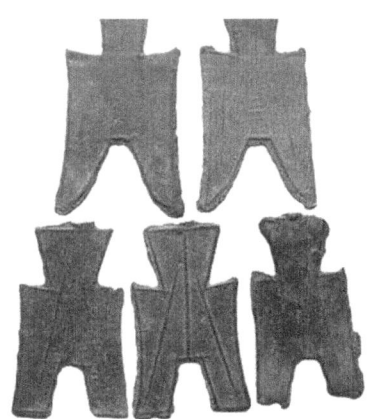

|뒷면 사진

뒷면은 보시다시피 아무런 문자가 없는 것이 대다수입니다.

예를 하나 더 보겠습니다.[1)]

양읍梁邑과 안양安陽입니다. 물론 뒷면에는 아무런 문자가 없습니다.

다음 어양魚陽은 후대 한漢과의 전쟁에서 고구려 5대 모본왕이 북평, 상곡, 태원을 치고 들어간 곳이고, 연나라의 강성기에 들어 있었던 지역이라 볼 수 있습니다. 魚陽이라 읽고 있는 문자입니다.

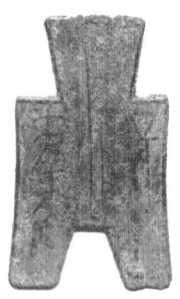

---

1) 중국 블로그, 〈고천원지(古泉園地, http://www.chcoin.com)〉.

좀 더 잘 보이는 문자 사진을 보겠습니다.2)

어쨌거나 그런 연방족포 위의 문자 체계와는 완전히 다른 문자 체계이며 연방족포 앞면에는 지역 이름을 일일이 적었는데, 명도전에는 단 한 그림 문자 明만 적었다는 것이 불가사이가 아닌가요? 이는 결국 명도전 문자가 고조선 문자라는 것입니다.

---

2) 중국 블로그, 〈고천원지(古泉園地, http://www.chcoin.com)〉.

첨부 자료 2. 첨수도의 자모음 결합

다음 civil 님이 수집한 첨수도 자료입니다.

이제 명도전 앞 단계인 첨수도添首刀 자료를 토대로 자모음 결합을 시켜 보겠습니다.

근본 자음에 모음을 순서대로 결합니다.

1) ∧ ↑ 소 소 소 쓰 ㅅ ㅅ
            Ⓐ   ㅊ

2) △ 수 소 소 소 ≏ △ △ △
            Ⓐ   ㅋ

3) ○ ㅇ 오 오 오 으 ⊙ ㅇ -ㅇ- ㅇ
            ⊖   -ㅎ- ㆅ

4) ㅁ ㅁ 모 모 모 므 ㆍ ㅁ ㅁ
            ㅂ   ㅁ

5) ㄴ ㅓ 노 노 노 느 ㄴ ㄴ ㅗ
            ㅂ   ㅂ

1) '스'라고 표기된 첨수도 문자는 A라 표기할 수 있습니다.
2) 규칙에 따라 △을 나열해보았습니다. △ 아래 ─에서 ─가 중간에 들어가 첨수도 문자를 만듭니다.
3) ○을 나열해보았습니다. ○ 아래 ─에서 ─가 중간에 들어가 첨수도 문자 θ를 만듭니다.
4) 규칙에 따라 ㅁ을 나열해보았습니다. ㅁ아래 ─에서 ─가 중간에 들어가 ㅂ을 만드는데, 안 보이는군요.
5) 규칙에 따라 ㄴ을 나열해보았습니다. 부드럽게 U라 해도 됩니다. ㄴ 아래 ─에서 ─가 중간에 들어가 ㅂ을 만듭니다.

해란 문자는 ㅇ을 중심으로 모음이 4개 있는 것으로 이 문자는 '해'라는 고조선 한글 자모입니다. 이렇게 첨수도는 한글 자모가 다수이므로 중국 화폐 전문가들이 북융北戎의 화폐라고 하는데, 이는 고조선의 화폐이고 문자입니다.

첨부 자료 3. 아라가야 함안 가림토 문자

이제 함안 박물관에 있는 가림토 문자를 보겠습니다. 이 문자를 공개적으로 소개하는 것도 처음입니다. 이 문자는 제가 함안 박물관에 고려 연꽃이 피었다기에 가보았더니, 박물관 안에 부호가 잘 정리되어 있었습니다.

위 문자를 잘 보시면 ㄱ, ㄴ, C(ㄷ), ㅅ, X, ㅇ, H, W, U(ㄴㅣ이자 [ㅂ] 음가), ㅇ([ㅁ] 음가), <(ㅆ 혹은 ㅈ), 물결 모양([ㄹ] 음가)이 모두 있고, 수직과 수평선에 의해 모음을 표현합니다. U에 ㅣ 들어간 것은 [비], U에 ㅡ은 [보], U에 ㅓ은 [배]라는 소리입니다.

맨 위 X는 [ㄱ]이나 [ㅋ] 음가입니다. 왼쪽에 중앙선이 내려오면 [이] 음가입니다. 오른쪽에 붙으면 [카:], [케]이고, ᅳ에 중간선 이 있는 것은 [코]로서 十은 X를 바로 둔 것입니다. 문자 위에 一을 그으면 [오] 소리를 첨가 시킨다는 말씀입니다. 다음 둘 겹친 것은 [캐], 아래에 선이 붙으면 [쿠], 원리가 U와 동일합니다. 이는 자모음이 결합된 한글가림토입니다.

다음 ∧ < 문자가 아라가야 토기 문자인데 처음에는 [ㅈ]으로 보았습니다. 이는 브라마 문자에 따르면, [ㅅ] 계열의 음가에 해당하고, ∆는 [ㅅ] 계열의 자음이라 생각했는데, 이는 브라미 문자에 따르면, [에] 원모음일 수 있습니다.

위 부호 안에 안 보이는 가림토를 자음 규칙에 대입해서 풀어 확대 해보겠습니다.

첨부 자료 4. '해'라는 한글 자모 자료

연구 마무리 단계에서 한글 '해'임이 더욱 분명한 자료를 찾았습니다. ㅇ에 ㅣ 부분까지 [ㅎ] 음가이고, 위에 점이 있지요. 근대조선의 아래 [아] 음이 된 것입니다. 明이라 보아도 틀린 것은 아니지만, 위에 점이 있으므로, 한글인 것입니다. 위에 점이 있는 부분이 『훈민정음』의 천ㆍ에 해당합니다.

첨부 자료 5. 연 문자와 전국문자를 통한 증명

이제 중국 전국시대 연燕문자를 가지고 증명하겠습니다. 이미 중국 학자들은 『전국고문자전戰國古文字典』을 만들어 전국 주요 6국 문자를 다 알고 있습니다.

1) 東[3]

제(齊)	연(燕)	진(晉)	초(楚)	진(秦)
東	東	東	東	東
東	東	東	東	東

東을 보시면, 2개씩만 있는 것이 아니고, 제는 8개, 연은 2개, 진은 9개, 초는 16개, 진은 2개 있는 것 중에 2개씩을 대표적으로 가려 보았습니다.

어떻습니까? 전국시대의 도장이나 도자기의 문자가 현 한자와 거의 동일하지요. 앞으로 보여드릴 문자들도 마찬가지입니다. 즉 한중일 한자 학자들은 모두 연문자를 거의 정확히 읽을 수 있다는 것입니다. 그러니 태양도―소위 명도전―문자는 연나라 문자 계통인 한자가 아니라는 것이지요.

---

3) 하림의(何琳儀), 『전국고문자전(戰國古文字典)』 上, 中華書局, 2004, 363쪽.

2) 后[4]

연(燕)	진(晋)	진(秦)
后	后	后
后	后	

后를 보겠습니다. 여기서는 b-燕, c-晋, e-秦가 나옵니다. 역시 東처럼 后도 현 한자와 완전히 같음을 알 수 있습니다.

3) 宀(安·宮의 갓머리)

宮	安
宮	安
宮	安

이번에는 그 중에 安은 961쪽, 宮은 268쪽의 b-燕을 살펴봅니다.

여기서 보시다 시피, 갓머리 宀라고 하는 문자는 이미 연문자에서 ∩과 ㅅ 모양으로 거의 형태를 다 갖추고 있었습니다.

즉 갓머리 부수의 모든 한자는 부수를 동일하게 붙여 연燕 한자漢字를 표현합니다.

---

4) 위의 책, 333쪽.

4) 月·肵

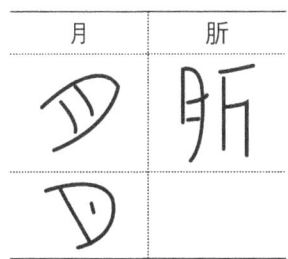

이번에는 月을 보겠습니다. 『전국고문자전戰國古文字典』(911쪽)에 月이 나오는데, 현재 한자와 동일하지요. 다음 1317쪽에 나오는 肵라는 문자에도 月이 누구나 알아 볼 수 있는 문자로 제시되어 있습니다.

이렇게 누구나 한자라고 알고 있고 읽을 수 있어야 연문자인 것이고, 명도전 위의 문자는 고조선 한글 자모이므로 한자 전문가들이 읽지 못하는 것입니다.

5) 어려운 연 문자와 명도전 문자 비교

이번에는 어려운 문자 10개를 보겠습니다. 『전국고문자전戰國古文字典』에 나오는 연문자를 무작위로 어려운 획수의 문자를 골랐습니다. 위의 문자는 도장이나 도자기 위의 연문자이고, 아래 문자는 현 한자입니다. 아무리 어려운 연나라 문자지만, 한자 학자들은 위 연문자를 다 읽을 수 있습니다. 자세히 보시면, 아주 극소수 위아래 제외하고 결합이 주로 옆으로 결합입니다. 이런 분위기의 획수가 엄청 많은 것이 연나라 문자이고, 명도전 위의 문자는 한글 자모 획수를 벗어나지 않은 아주 간단한문자라는 것입니다. 비교해보시라고, 명도전 위의 제가 해석한 문자를 비교해 놓았습니다. 이건 한자를 좀 익힌 초등학생도 알 수 있는 국적 수사라는 것을 알 수 있습니다.

아무리 일제의 역사 왜곡이 악랄하고, 중국의 억지 해석이 있었다고 한들, 우리 스스로 조상의 화폐와 문자를 이런 간단한 비교로도 알 수 있는 것을 아직도 국사책에 명도전을 연의 화폐라고 기록하고 있고, 국어학계에서는 가림토 문자가 없다고 하니 말이 안 되는 이야기입니다.

첨부 자료 6. 티벳, 구자랏 문자와 한글의 연관성

이 사안도 티벳 문자와 한글의 유사성을 연구한 최초의 학설입니다.

1) 티벳 행초서체와 훈민정음 상세 비교

① [ㄲ] 소리
티벳 첫 번째 문자에서 훈민정음의 ㄲ은 티벳 문자 행서초서체에서 훈민정음과 같은 모양에 소리도 같습니다.

근본문자	행서체	초서체
ㄲ	ㄲ`	ㄲ`

② [ㄴ] 소리
티벳 네 번째 문자에서 훈민정음의 ㄴ은 티벳문자 행서초서체에서, ㄷ은 근본문자와 똑같습니다.

근본문자	행서체	초서체
ㄷ`	ㅣ`	ㄴ`

③ [ㅊ] 혹은 [ㅉ] 소리

티벳 다섯 번째 문자에서 훈민정음의 ㆆ은 티벳문자 근본문자에서 거의 같고, 행서초서체에서는 둥근 선이 아니고 선이 얽혀 있지만, 근본문자에서 위 수평선을 생략한 ㅇ이라 간주할 수 있습니다.

근본문자	행서체	초서체

그런데 여기 세 번째 초서체를 보십시오. 훈민정음의 'ㅍ'과 오른쪽 윗부분만 제외하고 거의 같지요. 세종께서 이 초서체를 참조한 듯합니다.

④ [ㅊ(ㅎ)] 혹은 [ㅉ(ㅎ)] 소리

티벳 여섯 번째 문자에서 훈민정음의 ㅇ, ㅇ이 티벳 행서초서체에 붙어 있는 모양입니다.

근본문자	행서체	초서체

여기 행초서체에서 훈민정음의 ㅇ, ㅇ이 나오는데, 훈민정음의 아음ㅋㅋㆁ에 모양이 다른 ㆁ이 네 번째 배치된 이유를 티벳 문자 참조 했기 때문이라고 추측해볼 수 있습니다.

⑤ [ㅈ] 소리

티벳 일곱 번째 문자에서 훈민정음의 ㅌ에서 근본 문자와 같고, 행서초서체에서는 ㄷ이 훈민정음과 똑같습니다. 소리는 [ㅈ]인데, 바로 옆에 있는 티벳 문자가 바로 ㅈ입니다.

근본문자	행서체	초서체
	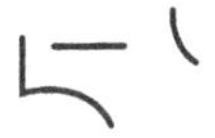	

⑥ [ㄴ] 소리 중의 하나

티벳 여덟 번째 문자는 [ㄴ] 소리 중에 하나인데, 훈민정음의 ㅈ의 필기체 그대로입니다.

근본문자	행서체	초서체

⑦ [ㅌ] 소리

티벳 아홉 번째 문자는 [ㅌ] 소리인데, 훈민정음(한글)의 ㅅ 필기체 그대로입니다.

근본문자	행서체	초서체

⑧ [ㄷ] 소리

티벳 열한 번째 문자는 [ㄷ] 소리인데, 훈민정음(한글) ㄷ의 아래 부분이 조금 늘어진 모양새입니다.

근본문자	행서체	초서체

⑨ [ㅃ] 소리

티벳 열세 번째 문자는 [ㅃ] 소리인데, 티벳 문자 ᄃ을 풀어서 오른쪽 수직선을 ㄴ으로 만드니 훈민정음(한글) ㄴㄴ이 됩니다.

근본문자	행서체	초서체

⑩ [ㅍ] 소리

티벳 열네 번째 문자는 [ㅍ] 소리입니다. 티벳문자 ᄇ을 풀어서 행서 초서체로 사용하는데 훈민정음(한글) ㄴㅁ과 같게 됩니다. 티벳문자 모양은 훈민정음의 ㅂ과 거의 같지요.

근본문자	행서체	초서체

⑪ [ㅂ] 소리

티벳 열다섯 번째 문자는 [ㅂ] 소리입니다. 훈민정음 ㅁ과 그대로입니다. 우리 훈민정음과는 소리 한 칸 차이입니다.

근본문자	행서체	초서체

⑫ [ㅊ] 혹은 [ㅉ] 소리

티벳 열일곱 번째 문자는 [ㅊ] 혹은 [ㅉ] 소리입니다. 훈민정음의 ㅎ 거의 그대로입니다. 행서체에서는 위 뿔이 생략되고, 초서체에서는 선이 오히려 더 올라갑니다.

근본문자	행서체	초서체

⑬ [ㅊ(ㅎ)] 혹은 [ㅉ(ㅎ)] 소리

티벳 열여덟 번째 문자는 [ㅊ] 혹은 [ㅉ] 소리입니다. 티벳문자 ཚ에서 왼쪽 수평선이 생략되면, 훈민정음의 ㅇ, ㆆ가 붙어 있는 모양이 됩니다. 여기까지 보자면, 우리 훈민정음 ㅇ → ㆆ → ㅎ은 티벳문자 행초서체 중 [ㅊ] 음가의 모양새와 같고 심지어 티벳문자 ཚ의 모습까지 똑같습니다.

근본문자	행서체	초서체

⑭ [ㅈ] 소리

티벳 열아홉 번째 문자는 [ㅈ] 소리입니다. ㅌ 위에 뿔이 서 있는데, 행서초서체에서는 위 뿔이 생략되어 ㅌ이 됩니다.

근본문자	행서체	초서체

⑮ [z] 소리

티벳 스물두 번째 문자는 [ㅈ] 소리 중 하나인 영어소리의 [z]입니다. 행서와 초서체에서 생략된 글씨체는 아니지만, 아래 수평선을 생략하면, 훈민정음의 ㅋ이 됩니다. 티벳문자 배치도 4개씩 여섯 번째 줄 두 번째 문자에서 수직 상승하여 훈민정음에서는 ㄲ 다음 첫 번째 줄 두 번째 문자가 됩니다.

근본문자	행서체	초서체

⑯ [ㄱ] 소리

티벳 세 번째 문자는 [ㄱ] 소리입니다. 티벳 근본문자에는 ㄱ 안에 ㅁ이 들어 있는 것인데, 행서체에 보면, 훈민정음 ㄸ이 나타납니다.[5]

근본문자	행서체	초서체

5) 허일범 편저, 『티베트어의 기초와 실천』, 민족사, 2005, 28쪽.

현재까지 학설은 세종과 집현전 학자 분들의 독창적 창작품이라 알고 있지만, 실제로는 적어도 티벳 문자를 참조했음을 알 수 있습니다. 이번에는 다른 아시아 문자들과 비교해보겠습니다.

2) 아시아 5개 문자 비교

① 아시아 5개 모음 문자 비교

	힌디		구자랏		티벳	미얀마	훈민정음 (힌디 음가 표기)
(1)	अ	원문자	અ	원문자	ཨ		ㅓ 와 ㆍ
(2)	आ	ा	આ	ા		အာ	ㅏ
(3) [이]	इ	ि	ઇ	િ	ཨི	အိ	ㅡ
(4) [이:]	ई	ी	ઈ	ી	ི	ི	အီး	ㅣ
(5)	उ	ુ	ઉ	ુ	ཨུ	အု	ㅜ
(6)	ऊ	ू	ઊ	ૂ		အူး	ㅠ
(7)	ऋ	ૃ					리
(8)	ए	े	એ	ો	ཨེ	အေ	ㅔ
(9)	ऐ [애]	ै	ઐ [ㅏㅣ]	ૈ			ㅐ ㅐ
(10)	ओ	ो	ઓ	ો	ོ	အော်	ㅗ
(11)	औ [ㅓㅗ]	ौ	ઔ [ㅓㅜ]	ૌ		အော့	ㅓㅗ ㅓㅜ (ㅕ,ㅛ)

10장 수사 최종 보고서 275

(1) 첫 번째 원문자는 [ㅏ]와 [ㅓ]의 중간 음인데, 훈민정음 발음으로는 아래 아[ㆍ]인데, 흔히 삿갓이라는 영어 시옷 발음[ʌ]과 같습니다. 그 중 원문자로서 사용된 구자랏 중에 모양이 'ㅏ' 모양과 'ㅓ' 모양이 있습니다. 위 두 번째 ㅏ에서 'ㅏ' 모양으로 보이는 것은 소리가 [ㅏ]인 ㅣ 모양새이기도 합니다. 그래서 구자랏 문자에서 한글 'ㅏ' 모양은 그대로 [ㅏ] 발음으로 읽고, 'ㅓ' 모양은 [ㅓ]로 읽어도 됩니다. 예로 [ㅋ]과 [ㄱ]에 있어 [ㅋ]소리인 ખ는 한글 'ㅓ' 모양을 하고 있으므로 [커]로 읽어도 됩니다. 물론 [캐]도 가능합니다. 다음 소리인 ગી는 한글 'ㅏ' 모양 혹은 'ㅣ' 모양이므로, 모양에 따라 [가]로 읽습니다.

(2) 두 번째 줄은 [ㅏ] 소리이고 형태도 한글의 'ㅏ'인데, 구자랏 문자에서 끝에 약간 휘어지는 'ㅣ'이기도 한 것입니다.

(3) 여덟 번째인 [ㅔ]와 9번째 [ㅐ]는 우리 한글에 따르자면 모두 두 단모음이 결합된 모양이지만, 힌디, 구자랏에서는 [ㅔ] 소리를 점 하나의 단음으로, [ㅐ] 소리를 점 두 개의 장음으로 표시하였습니다. 실제로 [ㅔ]에 해당하는 영어 발음 bed의 [e]는 짧고, [ㅐ]에 해당하는 bad의 [æ]는 깁니다.

(4) 힌디문자 열 번째는 ओ[ㅗ]이고, 11은 औ[ㅛ]인데, 힌디문자 ओ[ㅗ]는 한글 ㅗ에 세로선을 그어 내린 것이고, 힌디문자 औ[ㅛ]는 한글 ㅛ에 가로선을 그어 내린 것입니다.

② 아시아 5개 소리문자 배열 비교
  : ㄱ 계열, 어금니 소리, 아음牙音

우리가 알고 있는 지금의 한글 문자 배열(ㄱ, ㄴ, ㄷ, ㄹ, …)은 변형된 것입니다. 훈민정음 초기에는 우리 한글 배열이 아음牙音 먼저 하여, ㄱ, ㄱ병서(ㄲ), ㅋ, 열매 ㆁ 순서로 4개입니다. 힌디어에는 5개, 구자랏 5개, 티벳 4개, 미얀마 5개입니다.

	[ka]	[kha]	[ga]	[g(h)a]	열매 [ㆁ] 혹은 [n]
힌디어 (데바나가리)	क	ख	ग	घ	ङ
구자랏	ક	ખ	ગ	ઘ	ઙ
티벳	ཀ	ཁ	ག		ང
미얀마	ကာ	ခ	ဂ	ဃ	င
훈민정음	ㄲ	ㅋ	ㄱ		ㆁ

이 문자들은 모두 아음으로 위 순서대로 정해진 순서가 있습니다. 한글은 ㄱ → ㄱ병서(ㄲ) → ㅋ → 꼭지ㅇ(ㆁ) 순서지만, 타 문자의 ㄲ → ㅋ → ㄱ → ( ) → 열매 ㆁ 순서랑 같다고 봐야겠지요. 그래서 지금 사라진 꼭지ㅇ(ㆁ)의 우리 소리 음가는 [ㅇ]과 [ㄴ] 사이임을 알 수 있습니다. 그래서 나를 나타내는 '나'의 고음은 [아]와 [내]의 중간음 '아'인데, 티벳 문자에 그대로 담겨 있습니다. ང[내]와 [아]의 중간음인데, 바로 우리 훈민정음 [아] 소리입니다.

③ 아시아 5개 소리문자 배열 비교
   : ㄷ과 ㄴ 계열, 혓소리 소리, 설음품흠

훈민정음 초기에는 우리 한글 배열이 아음牙音 4자, 다음 순서로

10장 수사 최종 보고서   277

설음 4자와 반설음 ㄹ 1자인데, 훈민정음에서 ㄹ은 순서를 뒤로 하였습니다. 힌디어는 셋째 칸에 두고 있지만, 반설음 ㄹ은 구자랏, 티벳, 훈민정음에서 모두 뒤로 밀려나 있습니다.

다음 두 번째 줄에 힌디, 구자랏, 티벳 모두 잇소리인 치음齒音을 두고 있는데, 훈민정음에서는 순서를 바꾸어 설음舌音을 먼저 두었습니다. 각 문자는 훈민정음 순서에 맞추어 설음부터 하겠습니다. ㄷ, ㄷ병서(ㄸ), ㅌ, ㄴ 순서로 4개입니다. 반설음 ㄹ은 1개. 힌디어에는 11개(5개가 2개씩+1) 반설음 ㄹ은 4개, 구자랏도 11개에 반설음은 3개, 티벳 5개에 ㄷ에 가까운 ㅊ 3개하여 총 8개 + 반설음 2개, 미얀마 11개에 반설음 2개입니다. 각 문자를 5개씩 보도록 되어 있으므로, [냐, nya]는 다음에 표기합니다.

	[t]	[t(h)a]	[da]	[d(h)a]	[n]
힌디어 (데바나가리)	ट	ठ	ड	ढ	ण
	त	थ	द	ध	न
구자랏	ટ	ઠ	ડ	ઢ	ણ
	ત	થ	દ	ધ	ન
티벳	ད	ཐ	ད		ན
	ཙ [tsa]	ཚ [tsha]	ཛ [dza]		
미얀마	ဋ	ဌ	ဍ	ဎ	ဏ
	တ	ထ	ဒ	ဓ	န

훈민정음	ㄸ	ㅌ	ㄷ	ㄴ

이 문자들은 모두 설음舌音으로 위 도표대로 정해진 순서가 있습니다. 한글은 ㄷ → ㄷ병서(ㄸ) → ㅌ → ㄴ 순서지만, 타 문자의 ㄸ → ㅌ → ㄷ → ㄴ 순서랑 같다고 봐야겠지요. 역으로 올라가면, 훈민정음 창제 원리와 똑같지요. ㄴ → ㄷ → ㅌ → ㄸ 이렇게 역으로 올라갑니다.

(1) 특히 티벳 문자와는 소리와 모양에서 참 많이 닮았지요.
(2) 우리 한글 자음 숫자보다 힌디, 구자랏, 미얀마 자음 숫자가 많은 것은 바로 이 설음이 3배 이상이기 때문이지요.

④ 아시아 5개 소리문자 배열 비교
 : ㅁ 계열, 입술소리, 순음脣音

설음舌音 다음은 순음입니다. ㅂ, ㅂ병서(ㅃ), ㅍ, ㅁ 순서로 4개입니다. 힌디어에는 5개에 영어 [v] 발음에 해당하는 1, 구자랏도 마찬가지로 5개에 영어 [v] 발음에 해당하는 1, 티벳 4개에 영어 [v] 발음—혹은 [w]—에 해당하는 1, 미얀마도 5개에 영어 [v] 발음—혹은 [w]—에 해당하는 1입니다. 영어 [v] 발음—혹은 [w]—에 해당하는 1의 위치는 이 기본 5개의 아래 칸에 있습니다. 설음 다음 순음이 오는 것은 훈민정음 및 아시아 문자 모두가 같지요. 훈민정음은 하나 적지만, 다른 문자들은 개수도 모두 일치합니다.

	[pa]	[p(h)a]	[ba]	[b(h)a]	[m]
힌디어 (데바나가리)	प	फ	ब	भ	म
구자랏	પ	ફ	બ	ભ	મ
티벳	ད	ཕ	བ		མ
미얀마	ပ	ဖ	ဗ	ဘ	မ
훈민정음	ㅃ	ㅍ	ㅂ		ㅁ

이 문자들은 모두 아음으로 위 순서대로 정해진 순서가 있습니다. 훈민정음에 한글은 ㅂ → ㅂ 병서(ㅃ) → ㅍ → ㅁ 순서지만, 타 문자의 ㅃ → ㅍ → ㅂ → ( ) → ㅁ 순서랑 같다고 봐야겠지요. 타 문자의 순서를 거꾸로 해서 올라가면, 훈민정음의 가획 원리가 됩니다. ㅁ → ㅂ → ㅍ → ㅃ (*가획 원리가 불규칙으로 적용됨.)

자세히 보니 힌디어 फ가 한글 ㅍ과 닮았군요. (세계 최초 발견 학설임.) 즉 세종께서는 구자랏, 티벳 문자를 고찰하여, 힌디문자의 근본으로 돌려놓은 듯하군요. 그래서 불규칙이 일어났나 보네요.

영어 알파벳 F(f)는 힌디어 फ를 세우거나 한 면만 바라 본 것, 즉 구자랏 ફ와 같다면, 우리 세종의 ㅍ도 F와 같군요. 그래서 영어 F(f), 힌디어 फ, 구자랏 ફ, 한글의 ㅍ는 같은 소리에 같은 문자입니다. (세계 최초 학설임.)

⑤ 아시아 5개 소리문자 배열 비교
  : ㅅ과 ㅈ 계열, 잇소리, 치음齒音

순음脣音 다음은 치음입니다. ㅈ, ㅈ병서(ㅉ), ㅊ, ㅅ, ㅅ 병서(ㅆ), 반치음 ㅿ, 즉 ㅈ 계열 3개, ㅅ 계열 2개, 반치음 ㅿ, 힌디어에는 ㅈ 계열 4개에 ㅅ 계열 3개, 구자랏도 마찬가지로 ㅈ 계열 4개에 ㅅ 계열 3개, 티벳은 ㅈ 계열에 3개, ㅅ 계열에 2개, 미얀마도 ㅈ 계열 2개, ㅅ 계열에 2개(두 번째 줄에 모음), 이 치음 계열은 훈민정음에서는 순음 다음에 오지만, 다른 문자들은 ㅈ 계열에서 주로 아음牙音 다음 두 번째로 배열되어 있습니다.

먼저 ㅈ 계열의 치음부터 4자하고, 이전 앞에서 언급한 [냐]를 마지막에 넣겠습니다.

	[ca]	[c(h)a]	[ja]	[j(h)a]	[n]
힌디어 (데바나가리)	च	छ	ज	झ	ञ
구자랏	ચ	છ	જ	ઝ	ઞ
티벳	ཅ	ཆ	ཇ		ཉ
미얀마	စ [사]	ဆ [샤]	ဇ	ဈ	ည
훈민정음	ㅉ	ㅊ	ㅈ		

미얀마 문자는 ㅈ계열 난에 ㅅ 계열 2개가 같이 있습니다. 훈민정음에 한글은 ㅈ → ㅈ 병서(ㅉ) → ㅊ 순서입니다. 가획의 순서는 ㅅ → ㅈ → ㅊ(大) 순서로서 위 ㅈ계열 역순으로 올라가면 됩니다.

다음은 ㅅ 잇소리 계열입니다.

훈민정음에는 ㅈ 다음에 바로 ㅅ이 나오지만, 미얀마 문자를 제외하고는 두 번째 칸에 ㅈ 계열, 7번째 칸(티벳은 8번째)에 ㅅ 계열이 나옵니다.

	[sha]	[sha]	[sa]
힌디어 (데바나가리)	श	ष	स
구자랏	શ	ષ	સ
티벳		ཤ	ས
미얀마	ၯ	ဿ	
훈민정음	△ 반치음	ㅆ	ㅅ

도표에 대입하다 보니 [쉬] 발음에 반치음△을 대입해보면 되는군요. 소리가 똑같을지는 의문입니다.

⑥ 아시아 5개 소리문자 배열 비교
 : ㅎ과 ㅇ 계열, 목소리, 후음喉音

치음齒音 다음 후음입니다. ㆆ, ㅎ, ㅎ 병서(ㆅ), ㅇ,힌디어에는 야[ya] 1개, [v]와 [와] 사이 1개, ㅎ 1개인데, 야 1개, [v]와 [와] 사이 1개는 6째 줄에, ㅎ은 마지막 8째 줄에 있습니다. 구자랏도 마찬가지로 야 1개, [v]와 [와] 사이 1개, ㅎ 1개인데, 야 1개, [v]와 [와] 사이 1개는 6째 줄에, ㅎ은 마지막 7째 줄에 있습니다. 티벳은 [v]와 [w] 사이 1개, ㆆ 1개, ㅇ 1개, ㅎ 1개입니다. 미얀마는 [ya] 2개, [wa] 1개, [ㅎ] 2개, [ㅇ] 1개인데 모두 아래쪽에 있습니다. 이 후음들은 편의상 구자랏문자 배열에 따라, 중간에 반치음 ㄹ을 넣겠습니다.

	[ya]	[ra]	[la]	[la]	[va]
힌디어 (데바나가리)	य	ड़ ढ़	र	ल	व
구자랏	ય	ર	લ	ળ	વ
티벳	ཡ [ya] འ [ㅇ] ཨ [ㅇ]	ར		ཡ	ཝ

미얀마	ဃု	ဃ	ဃု	၀
훈민정음	(ㆁ)			ㄹ	ㆆ

현재 사라진 ㆆ의 음가는 위 도표에서 [v] 정도의 음가일 것으로 추측할 수 있습니다.

다음 힌디문자 마지막 줄에 나온 'ㅎ'을 비교해보겠습니다.

	[ha]	
힌디어 (데바나가리)	ह	
구자랏	હ	
티벳	ཧ	
미얀마	ဟ	ဃ
훈민정음	ㅎ	ㅎㅎ

훈민정음에는 이 후음 다음에 반치음 ㄹ입니다. 이미 앞쪽의 도표에 넣어 보았습니다. 이렇게 아시아 5개 문자의 배열 순서는 힌디문자의 순서에 맞추어져 있으며, 훈민정음의 문자 순서는 잇소리인 치음齒音이 두 번째가 아니고 혓소리인 설음舌音이 두 번째인 점만 다릅니다.

첨부 자료 7. 천산 조홍근 님 견해

훈민정음 해례본 정인지 서문에 실린 옛 표음문자=고전(古篆)!!!

鄭麟趾 序 (정인지 서)
　有天地自然之聲 則必有天地自然之文 所以古人因聲制子 以通萬物之情 以載三才之道 而後世不能易也. 然四方風土區別 聲氣亦隨而異焉. 蓋外國之語 有其聲而無其字 假中國文字 以通其用 是猶鑿之也. 豈能達而無乎. 要皆各隨所處而安 不可强之使同也. 五東方禮樂文章 擬華夏 但方言之語 不與之同 ……

　천지자연의 소리가 있으니 반드시 천지자연의 글자가 있다. 그래서 옛 사람이 소리에 따라 글자를 만들어 만물의 뜻을 통하게 하고, 삼재(三才)의 도(道)를 실었으므로 후세에도 능히 바뀌지 아니하였다. 그러나, 사방의 풍토가 나뉘어져 다르게 되니 소리의 기운도 역시 따라 달라졌다. 대개 외국의 말은 소리는 있으나 그에 해당하는 글자가 없어 중국의 문자를 빌어 통용케 한 것은 오히려 그 소리에서 벌어지게 하는 것이 되었다. 어찌 능히 통달한다 하여도 착(鑿)이 없으리오? 대개 그 처한 바에 따라 편안하게 할 필요가 있으나 가히 억지로 같게 할 수는 없는 것이다. 우리 동방의 예악과 문장은 화하(중화)와 같으나 방언의 말이 그(중화)와 같지 아니하다.

1) 有天地自然之聲

천지자연의 소리는 곧 천지자연의 법法이다. 법法은 섭리攝理이며 이치理治이다. 그리하여 천지자연의 소리, 천음天音은 천지자연의 법 즉 천법天法이다. 천음天音을 나타낸 상징물이 방울(鈴)이다. 이 방울은 천지자연의 소리를 나타낸다. 방울은 태극太極(二極=음양)을 상징하는 것으로서 천부인天符印 세 개 중 하나이다.

훈민정음은 삼재三才의 원리에 따라 이기二氣 즉 음양의 이치를 담은 소리글자이다. 즉 천지인의 상징인 ㅇ, ㅁ, 각의 원리에 입각하여 만든 글자로서 자음과 모음이 모두 이 ㅇ, ㅁ, 각에서 만들어졌는데, 자음은 발음기관의 모양을 나타내면서 모음은 ㅇ, ㅁ, 각의 축소 상징화된 ㆍ, ㅡ, ㅣ로 구성되면서 음양의 이치를 담고 있는 것이다. 자음과 모음 모두 삼재三才의 도道를 싣고 있는 이전의 소리글자를 본뜬 것이므로 당연한 것이 된다.

*서기전7197년 이전의 파미르고원 마고성 시대에 이미 오금(烏金)으로 된 귀걸이를 하고 다녔으며 천음(天音)을 듣기 위한 것이라고 기록되고 있다. (박제상, 김은수 옮김, 『부도지』, 한문화, 2002)

*천부인 삼인은 거울, 방울 또는 북, 칼이며, 재질로는 청동거울, 청동방울, 청동검이 대표적이다. 거울은 무극(無極), 일극(一極)으로서 하늘, 태양을 상징하며 천성(天性)을 나타내고, 방울은 이극(二極), 반극(反極), 태극(太極, 음양)으로서 천음(天音)으로서 천법(天法)을 나타내며 천지(天地) 즉 하늘과 땅이 원래 하나임을 나타내고, 칼은 삼극(三極), 삼태극(三太極)으로서 천권(天權)을 나타내며, 하늘, 땅, 사람이 원래 하나임을 나타낸다.

*서기전7197년경에 천부(天符)가 신표(信標)로 사용되었고, 서기전6097년경에 천부삼인(天符三印)이 기록되고 있다. (『부도지』, 『한단고기』 참조)

2) 則必有天地自然之文

천지자연의 글자는 천지자연의 소리를 나타낸 부호이다. 천지자연의 모습을 나타낸 것이 그림이나 글자인데, 글자에는 크게 그림글자와 소리글자가 있다. 여기서 말하는 천지자연의 글자는 곧 표음문자인 소리글자를 가리킨다. 즉 앞에서 천지자연의 소리가 있고 이에 천지자연의 글자가 있다고 하였기 때문이다. 이는 정인지선생이 훈민정음 이전에 이미 표음문자가 있었음을 단적으로 나타내 주는 글이다.

3) 所以古人因聲制子 以通萬物之情 以載三才之道

옛 사람이 소리에 따라 글자를 만들어 만물의 뜻을 통하게 하고 삼재三才의 도道를 실었다 하여, 표음문자임을 다시 나타내고 있다. 소리글자로 뜻을 통하게 하였다 하므로 소리글자인 동시에 뜻글자가 되는 것이다. 삼재三才는 천지인을 가리키며, ㅇ, ㅁ, 각을 나타낸다. 이 원방각은 자음의 기본이 되기도 하고, 상징화 되어 ·, ㅡ, ㅣ의 기본모음이 되기도 한다. ㅇ은 하늘이나 태양을 나타내고 둥근 모양을 나타내며, ㅁ은 사방이 있는 땅을 나타내고, 각(세모)은 서있는 존재인 사람을 나타낸다. 상징화된 ·, ㅡ, ㅣ는 곧 태양(하늘), 땅, 사람을 나타내는 모음이 된다.

훈민정음의 삼재三才의 원리가 이미 옛 사람이 만든 소리글자에 분명히 실려 있다는 것이다. 이는 옛 사람이 만든 표음문자가 삼재의 원리에 따라 만들어진 것임을 단적으로 나타내 주는 것이다.

4) 而後世不能易也

후세에 능히 바뀌지 않았다 하므로, 옛 사람이 만든 소리글자가 상당히 오랫동안 사용되어 왔음을 나타낸다. 이는 서기전 924년 왕문 표文에 의하여 만들어진 이두법을 고려하면, 서기전 924년 이전에 오랜 기간 사용되었음을 알 수 있게 한다.

5) 然四方風土區別 聲氣亦隨而異焉

그러나 사방의 풍토가 나뉘어져 달라지니 소리의 기운도 역시 따라 달라졌다 하는 데서, 단군조선이 망한 때가 되는 서기전 238년경 이후 사방의 제후국들이 칭왕을 하면서 독자노선을 걷게 됨으로써 말소리가 달라지게 된 것을 나타낸다.

서기전 2333년에 개국된 단군조선이 약 150년이 지난 시점인 서기전 2181년에 삼랑 을보륵이 정음(바른소리)을 만드니 가림토 38자이다. 이때 가림토 글자를 만든 이유가 진서眞書(상형문자=神篆)가 있었으나 나라마다 소리가 달라지니 이를 통일시키기 위하여 만들었다 한다. 약 1,000년이 지난 서기전 1285년에 색불루단군에 의하여 후기조선이 시작되었으나 이때까지도 계속 사용된 것이 되고, 특히 침수도, 첨수도, 명도전이 주조·발행된 것으로 보이는 주나라 전국시대까지도 계속 사용된 것으로 된다. 주나라 전국시대는 서기전 403년부터 서기전 249년까지이다. 단군조선은 서기전 238년에 사실상 망하고 서기전 239년에 시작된 해모수의 북부여에 의하여 서기전 202년에 접수된다.

단군조선이 망하자 특히 진한과 번한의 유민들이 동으로 남으로 이동하여 한반도 남쪽으로 가서 각각 나라를 열었는데, 변한 12국이 서기 42년에 가야연맹에 의하여 대체될 때 아라가야가 있었으며, 이 아라가야는 지금의 함안지역에 있었고 유물로 나온 토기 위에 가림토 글자가 새겨있는 것으로 보아 이때까지도 계속 사용되어 온 것으로 보인다. 다만, 조정에서는 한자를 사용하거나 이두를 사용하여 표기한 것이 된다.

사방이 나뉘어져 각각의 나라가 되니 문화와 습속이 달라지므로 자연히 말소리도 변하게 된다. 그래서 소리의 기운 즉 소리 내는 방법이 달라지는 것이다.

서기전 2181년 이후에 단군조선의 제후국들이 멀리 떨어져 있는 경우에는 그에 따라 다른 말이 생겼던 것이 분명하며, 서기전 660년 일본이 천왕을 참칭하면서 독립을 시도하여 그에 따라 말소리도 달라지는 것으로 보인다.

6) 蓋外國之語 有其聲而無其字 假中國文字 以通其用 是猶鑿之也. 豈能達而無乎. 要皆各隨所處而安 不可强之使同也. 五東方禮樂文章 擬華夏 但方言之語 不與之同 …

나라마다 말이 있으나 그 소리에 따른 글자가 모두 있는 것이 아니어서, 중국의 문자를 빌어 사용하였는데, 이것이 오히려 그 소리를 정확히 나타내지 못함으로서 글자와 소리를 벌어지게 한 것이 된다. 아무리 글자에 통달한다 하더라도 글자와 소리를 완전히 일치하게 할 수는 없는 것이다. 대체적으로 각기 처한 바에 따라 편안하게 사용하도록 할 필요는 있으나 억지로 같게 할 수는 없는 것이다. 우리 동방(조선)의 예악과 문장은 중국에 견주나, 말은 같지 않다는 것이다.

그래서 세종대왕이 훈민정음 28자를 창제하시니, 象形而字倣古篆이라 하여 모양을 나타내며 글자는 옛 전자를 본떴다 함으로써, 훈민정음이 상형문자이자 글자의 모양이 옛 글자를 본 딴 것이라 한 것이다. 여기서 상형은 발음기관의 모습을 나타낸 것으로 해석이 되는데, 글자의 모양을 옛 글자에서 본 딴 것이라 하므로 소리글자로서 발음기관의 모양을 나타낸 글자라는 것이다.

결結

　이상으로 『훈민정음』의 「정인지서」의 서두에서 보는 바와 같이, 훈민정음 이전에 이미 오랜 기간 동안 천지자연의 소리에 따른 천지자연의 글자를 삼재의 원리에 따라 만들어 사용하였으며, 훈민정음의 글자를 이 글자에서 본 딴 것이고, 모양은 발음기관의 모양이 되는 것이다. 바로 이 글자가 곧 단군조선의 가림토 글자가 되는 것이며, 이 가림토 글자가 바로 삼재의 원리에 따라 만든 소리글자임을 단적으로 나타내는 것이 된다.
　이제 훈민정음 이전에 이미 소리글자가 있었으며, 한글이 이 소리글자를 본뜬 것임을 부인할 수 없는 것이다. 즉 서기전 2181년에 만들어진 가림토 38자는 세종대왕의 훈민정음의 기본글자가 되는 것이다. 다만, 훈민정음 신제 당시에 가림토 38자, 정음 38자, 단군檀君조선朝鮮, 을보륵乙普勒, 영해박씨, 징심록澄心錄, 음신지音信誌 등을 언급하지 아니한 것이 아쉬울 뿐이다.

여론餘論

　훈민정음은 서기전 2181년에 만들어진 소리글자 가림토 38자를 본 딴 것이며, 이 가림토 글자는 천지자연의 소리를 나타낸 부호로서 원래 천지자연의 소리와 일치하는 것이며, 천지자연의 소리는 곧 천지자연의 형상이 된다. 천지자연의 모습이 곧 천지자연의 소리인 것이다. 시각과 청각은 느끼는 감각이 다를 뿐이며 모두 천지자연의 소리이다. 천지자연의 소리는 천지자연의 법이며, 이에 따라 형상이 나타나는 것이다. 모습을 가지기 이전의 천지자연은 곧 소리인 것이다.
　소리聲는 기氣이다. 성聲은 음音이다. 음은 피리 등 악기 소리이다. 악기소리가 바로 천지자연의 소리를 나타낸 것이다. 기氣는 작용이며, 그 작용의 원천은 바로 신神이다. 신神이 기氣가 되고, 기氣가 틀(機)이 되며, 틀(機)이 바탕(質)이 되고, 바탕(質)이 형形이 되고, 형形에서 체體가 나온다. 소리는 기氣로서 만물의 바탕(質)이 되고 기氣가 어우러져 때로는 소리로 때로는 모습(形體)으로 나타나는 것이다. 단적으로 보이는 기氣는 모습(形象)이며, 보이지 않는 기氣는 곧 소리(音, 聲)인 것이다.

소리글자는 천지자연의 소리를 나타낸 글자이고, 천지자연의 소리는 곧 천지자연의 모습이기도 한 것이다. 그래서 그 소리글자는 바로 그 형상을 나타내는 글자로서 상형문자이기도 한 것이다. 이러한 소리글자이자 상형문자인 글자가 바로 천지인의 모습을 담은 가림토이며, 가림토는 천지자연의 소리(聲)를 나타낸 글자인 것이다.

단군조선의 영역에서 출토되는 첨수도, 첨수도, 명도전에 새겨진 글자는 주나라 전국시대 육국문자와는 판이하게 다른 글자로서 바로 가림토 글자인 것이다!!! 이를 증명하고 있는 분이, 필자가 문자해독 검증에 참여하고 있는 명도전 문자의 연구대가이며, 최초로 명도전의 문자가 가림토 글자임을 단적으로 밝히신, 허대동 선생이시다!

첨부 자료 8. 한글학자 신민수 님 '소리이론' 학설

여기서는 한글이 상형글자라는 특별한 학문을 성립하신 신민수 님의 학설을 소개합니다.

1) 소리이론이란?

한글의 창제원리를 과학적으로 설명하는 이론입니다.

설명방법 : 소리공식, 소리특징, 연상
글 : 소리의 뜻을 담는 그릇
한글 : 해의 원리로 만들어진 글. 한글은 꼴글, 뜻글, 소리글입니다.

모음(엄마소리) : 스스로 독립되어 낼 수 있는 소리
　　　　　　　예) ㅏ, ㅓ, ㅗ, ㅜ, ㅡ, ㅣ 등
자음(아들소리) : 스스로 독립되어 소리를 낼 수 없고 어미소리에
　　　　　　　붙어야만 낼 수 있는 소리
　　　　　　　예) ㄱ, ㄴ, ㄷ, ㄹ, ㅁ, ㅂ, ㅅ, ㅈ, ㅊ, ㅋ, ㅌ, ㅍ,
　　　　　　　ㅎ 등

2) 한글공식

한글은 위 공식에 대입하여 풀면 한글의 뜻이 살아납니다.

6모음	[ㅣ] :	수직(마침)
	[ㅡ] :	수평(진행)
	[ㅗ] :	동(東)
	[ㅓ] :	서(西)
	[ㅏ] :	남(南)
	[ㅜ] :	북(北)
9자음	[ㅇ] :	원천 꼴 → (원천) 근원
	[ㄷ] :	닿음 꼴 → (닿음) 도달
	[ㅅ] :	시작 꼴 → (시작) 솟음, 東
	[ㄴ] :	내부 꼴 → (내부) 내림, 西
	[ㅂ] :	분리 꼴 → (분리) 분산, 南
	[ㅁ] :	뭉침 꼴 → (뭉침) 모임, 北
	[ㄱ] :	곡선 꼴 → (곡선) 꺽다
	[ㅍ] :	평선 꼴 → (평선) 펴다
	[ㄹ] :	울림 꼴 → (활동) 울림
변형 자음	[ㅎ] :	ㅇ의 강조 꼴 → 환함
	[ㅌ] :	닿음[ㄷ]에서 특징[ㅡ] 꼴 → 특징, 튕김, 투과(텅빈)
	[ㅈ] :	솟음[ㅅ] 눌림[ㅡ] 꼴 → 조금, 자리 잡다(저장, 중심), 자름
	[ㅊ] :	막힘 뚫고 새로운 시작 꼴 → (처음, 초월) 솟음↑

동서남북자음의 뜻 담김

[ㅅ] : 동東(아침) → 시작, 솟음, 새로운, 신선한, 선구자, 선각자, 선先, 생산, 산産, 신新 등

[ㄴ] : 서西(저녁) → 내부, 내림, 내려오다, 앉다, 눕다, 넘어지다, 낮다, 늦다, 늘어짐, 넣다 등

[ㅂ] : 남南(정오) → 빛, 불, 별, 번개, 번쩍번쩍, 밝다, 반갑다, 부시다, 보석, 방긋 등

[ㅁ] : 북(北: 자정) → 모름, 무지, 무식, 멍청이, 멍하다, 뭐?, 무엇?, 뭔데?, 며칠, 암흑, 검다, 어둠 등

태양의 관점에서 본 자음의 모양

[ㅅ] : 태양이 솟는 모양
[ㄴ] : 태양이 내려오는 모양
[ㅂ] : 햇살[11]이 발산되는 태양 뭉침[ㅁ]
[ㅁ] : 햇살이 없는 태양 뭉침[ㅁ]

3) 동서남북(ㅗ, ㅏ, ㅓ, ㅜ)의 방향은 이미 있었다

태양의 운행순서 : 동 → 남 → 서 → 북

동서남북 소리 속에 동서남북이 들어 있음

동東(아침) → [ㅗ]
남南(정오) → [ㅏ]
서西(저녁) → [ㅓ]
북北(자정) → [ㅜ]

윷놀이[6] 속에 동서남북이 들어 있음

도 → [ㅗ]

개 → [ㅐ]
걸 → [ㅓ]
욯 → [ㅜ]

4방사상[7] 속에 동서남북이 들어 있음
동방 목木 → 목 소리 속에 [ㅗ]
남방 화火 → 화 소리 속에 [ㅏ]
서방 금金 → '금'을 풀이하면 ㄱ(가다) + ㅡ(땅) + ㅁ(땅)으로 '땅으
　　　　　　로 가는 방향'인데, 서쪽태양은 땅으로 가는 태양
　　　　　　이므로 [ㅓ]
북방 수水 → 수 소리 속에 [ㅜ]

동방 청용 → 용 소리 속에 [ㅗ]
남방 주작 → 작 소리 속에 [ㅏ]
서방 백범 → 범 소리 속에 [ㅓ] (호랑이를 [범]이라고도 많이 불렀음)
북방 무귀 → 귀 소리 속에 [ㅜ]

동서남북이 [ㅗ ㅏ ㅓ ㅜ]인 이유
[ㅗ] : 입을 작게 벌려 내는 양소리, 소양[아침] → 동東
[ㅏ] : 입을 크게 벌려 내는 양소리, 대양[정오] → 남南
[ㅓ] : 입을 작게 벌려 내는 음소리, 소음[저녁] → 서西
[ㅜ] : 입을 닫고 소리 내는 음소리, 대음[자정] → 북北

모음모양
[ㅗ](아침) : 태양이 땅에서 나오는 모양

---

6) 정초에 방향(동서남북)을 점치던 것을 놀이로 만든 것.
7) 중앙사상까지 합쳐 5행사상이 된 사상.

[ㅏ](정오) : 태양이 나와 서쪽으로 가는 모양
[ㅓ](저녁) : 태양이 땅[ㅣ] 속으로 들어가는 모양
[ㅜ](자정) : 태양이 땅속 가장 깊은 곳에 도달한 모양

4) 상형한글 [ㄱ]

허리(고개) 구부림, 굽은 신체, 식도食道 모양을 나타내며, [ㄱ]의 어근은 '곡선'입니다. 한글은 상형한글로써 우선 5등분하여 표현드릴 수 있습니다.

① 허리 구부림 → 겸손, 공경, 경례, 감사, 공손, 고맙다, 굽신거림, 구부림, 구부정, 꼽추, 객客, 근로자, 건축, 공사 등
② 고개 구부림 → 책冊, 학學, 읽다, 독讀, 공부, 까꿍, ㄲ떡, 까딱, 고개, 기도, 괜찮다, 고민, 고독, 걱정, 곰곰이 등
③ 굽은 신체면 → 코, 귀, 기도(숨길), 골(腦), 어깨, 궁뎅이, 겨드랑, 갈비뼈, 골骨(뼈), 팔꿈치, 손가락 등
④ 먹는 음식들 → 곡穀, 곡식, 과果, 과일, 과자, 고기, 육肉, 콩, 옥수수, 고구마, 감자, 국, 약藥, 꿀, 기름, 떡, 죽 등
⑤ 식도 생김새 → 식食, 식사, 음식, 꿀꺽, 꼴깍, 먹다, 삼키다, 식도, 식息(숨 쉬다), 급給(공급), 급식, 기침 등

⑤에 [ㄱ]의 모양은 음식이 입을 통하여 목구멍으로 넘어가는 길인 '식도모양'을 본뜬 것입니다.

5. 농기구 소리 풀이

망치: ㅁ(뭉침)+ㅊ(침) → 뭉침으로 치다
도끼: ㄷ(닿음)+ㄲ(깸) → 닿아서 깨다
장도리: ㅈ(자리 잡다)+ㄷ(닿음)+ㄹ(회전) → 자리 잡고 돌리다
대패: ㄷ(닿음)+ㅍ(평평) → 대서 평평하게 하다
사다리: ㅅ(세움)+ㄷ(닿음) → 세워서 닿게 하다
맷돌: ㅁ(뭉침)+ㄷ(닿음)+ㄹ(회전) → 돌리다
톱: ㅌ(강한 닿음)+ㅂ(결실) → 강하게 닿아서 자르다
못: ㅁ(머리)+ㅅ(뾰족) → 머리는 둥글고 끝은 뾰족하게 생기다
낫: ㄴ(눕다)+ㅅ(속도) → 눕혀서 스치다
칼: ㅋ(가름)+ㄹ(활동) → 가르다

고조선 문자 목록

1. 해(태양), 달, 별
2. 바다, 배, 섬
3. 소, 말
4. 개, 닭, 오리
5. 나비, 모기
6. 코끼리
7. 납(원숭이)
8. 여우
9. 쥐
10. 고양이
11. 토끼, 귀
12. 돼지
13. 곰
14. 사슴
15. 코뿔소(무소)
16. 사자
17. 황소(큰 수소)
18. 염소
19. 늑대
20. 노루
21. 범(호랑이)
22. 기린
23. 낙타
24. 나귀
25. 너구리, 오소리
26. 삵
27. 개미핥기
28. 새
29. 병아리(비육)
30. 부리
31. 날개
32. 꼬리
33. 깃
34. 새 새끼
35. 기러기
36. 거위
37. 까치
38. 매, 부채
39. 두루미
40. 황새
41. 참새
42. 제비
43. 까마귀
44. 고니(백조)
45. 갈매기
46. (독)수리
47. 부엉이와 올빼미
48. 딱따구리
49. 누에와 벌레
50. 굼벵이
51. 개미
52. 거미(독거미줄)
53. 벌
54. 참벌(꿀벌)
55. 메뚜기
56. 반디
57. 전갈
58. 지네
59. 사마귀
60. 매미
61. 잠자리
62. 개구리와 올챙이
63. 두꺼비(두텁)
64. 뱀
65. 거머리
66. 거북이
67. 약
68. 물고기
69. 가시
70. 고래
71. 상어
72. 새우

73. 가재
74. 게
75. 조개
76. 오징어
77. 가오리와 꼬리
78. 미꾸라지
79. 해파리
80. 문어, 낙지
81. 굴
82. 물
83. 샘과 못
84. 불과 횃불
85. 무지개(천궁)와 활(화살)
86. 바람과 바다
87. 비
88. 눈과 모래
89. 우레 혹은 뇌
90. 구름
91. 가람과 시내
92. 뫼
93. 흙
94. 씨앗, 싹, 줄기, 대, 꽃, 뿌리
95. 열매(과실)
96. 배
97. 능금, 사과
98. 대추
99. 앵두
100. 포도
101. 복숭아
102. 석류
103. 감
104. 참외, 수박, 호박
105. 잣나무
106. 밤나무
107. 솔
108. 단풍(신)나무
109. 섶
110. 대나무
111. 버드나무
112. 닥종이
113. 상투
114. 비녀
115. 갓(간)
116. 빗
117. 옷
118. 버선과 대님
119. 실과 바늘
120. 손가락과 골무
121. 세숫대야와 모자
122. 거울(면경)
123. 수건
124. 신
125. 집
126. 담
127. 마당
128. 따비(보)와 도깨비
129. 호미
130. 못과 망치
131. 삽
132. 낫과 날
133. 톱
134. 톱
135. 끌, 가위(가새), 갈대, 글
136. 태(농기구), 테
137. 도리깨
138. 도끼
139. 채
140. 새끼줄
141. 숯
142. 키
143. 비(자루)
144. 디딜방아
145. 물레방아와 물레
146. 이아(잉아)와 베틀, 베틀실
147. 맷돌
148. 절구통과 절구공이
149. 시루
150. 잔
151. 그릇
152. 바리와 둥지, 차
153. 부엌
154. 젓가락과 밥, 밥주걱
155. 아궁(이)와 굴
156. 김(수증기)
157. 향과 연기
158. 가마솥과 옛(古)
159. 밥

160. 죽, 국, 술
161. 벼
162. 우케(미용도)
163. 쌀
164. 논밭
165. 보리와 피리
166. 밀
167. 수수
168. 피(곡식)
169. 쟈갑(교맥피)
170. 풀
171. 난초
172. 파
173. 마늘
174. 인삼
175. 무
176. 콩
177. 팥
178. 도라지
179. 버섯(균심)
180. 엿, 윷, 점(卜)
181. 송편
182. 낚시
183. 연날리기
184. 정월대보름
    (달집태우기)
185. 제기차기
186. 팽이치기
187. 씨름
188. 공
189. 개비

190. 숨바꼭질
191. 썰매
192. 사람
193. 마음
194. 몸
195. 머리
196. 낯
197. 이마
198. 거울과 눈썹
199. 코
200. 입과 일
201. 이빨
202. 혀와 땀
203. 턱
204. 뺨
205. 수염
206. 매 혹은 목
207. 배
208. 갈비뼈 혹은 폐
209. 트림
210. 팔과 발
211. 허리(곁)
212. 등
213. 다리(脚, 橋)
214. 오장
215. 대장과 소장
216. 꿈
217. 생각
218. 인칭대명사
219. 손자
220. 가족 호칭

221. 딸과 아들
222. 아사(동생과 아침)
223. 아기
224. 갈(칼)과 날
225. 창
226. 노
227. 갑옷
228. 나팔
229. 거문고와 과(금주)
230. 북과 장고
231. 절(뎔, 寺)
232. 절(인사), 잘(하다)
233. 책
234. 수레
235. 자
236. 우산
237. 독(瓮)
238. 베개
239. 두레(급기)
240. 손톱깎이
241. 고깔
242. 붓
243. 벼루와 먹
244. 싸리 회초리
245. 그림
246. 걸음
247. 춤과 다가감
248. 사랑(괴여)
249. 동작 동사
250. 숫자(1~10)
251. 천(千)

252. 점(點)
253. 사선
254. 수평선과 수직선
255. 각(角)
256. 구멍
257. 살과 털, 갈기
258. 책상과 의자
259. 산 혹은 산맥, 사다리

260. 고욤
261. 오른, 주운, 담배
262. 말(言)
263. 그물
264. 말타기
265. 나무, 나물, 숲
266. 봄
267. 돌
268. 깊은

269. 낚(시)와 낚은
270. 계신
271. 엇갈린, 짝
272. 하늘, 땅
273. 쇠
274. 구리
275. 조사
276. 여우털
277. 바둑판

참고문헌

|서적|

고태규, 『훈민정음과 작가들』, 널개, 2007.
국립김해박물관, 『咸安于巨里土器生産遺蹟 (함안우거리토기생산유적)』, 국립김해박물관, 2007.
김슬옹, 『28자로 이룬 문자혁명 훈민정음』, 아이세움, 2007.
김준연, 『고금 횡단 한자여행』, 학민사, 2008.
단재 신채호, 박기봉 옮김, 『조선상고사』, 비봉출판사, 2006.
박대종, 『나는 언어정복의 사명을 띠고 이 땅에 태어났다』, 대종언어연구소, 1999.
박창범, 『하늘에 새긴 우리역사』, 김영사, 2002.
신상순·이돈주·이환묵 외, 『훈민정음의 이해』, 한신문화사, 1988.
양동숙, 『갑골문 해독』, 서예문인화, 2005.
우실하, 『동북공정 너머 요하문명론』, 소나무, 2007.
윤내현, 『우리 고대사: 상상에서 현실로』, 지식산업사, 2003.
이덕일·김병기, 『고조선은 대륙의 지배자였다』, 역사의 아침, 2006.
이민화, 『스마트코리아로 가는 길: 유라시안 네트워크』, 새물결, 2010.
임재해 외, 『고대에도 한류가 있었다』, 지식산업사, 2007.
정연종, 『한글은 단군이 만들었다』, 넥서스, 1996
조영언, 『한국어어원사전』, 다솜출판사, 2004.
최영애, 『한자학강의』, 통나무, 1997.
한국역사연구회 고대사 분과, 『고대로부터의 통신』, 푸른역사, 2004.
허일범 편저, 『티베트어의 기초와 실천』, 민족사, 1990.
리쉐친(李學勤), 심재훈 옮김, 『중국 청동기의 신비』, 학고재, 2005.
오량보(吳良寶), 『선진화폐문자편(先秦貨幣文字編)』, 福建人民出版社, 2006.
장박천(張博泉), 「明刀币研究續說」, 『北方文物』 第80期, 2004. (장동균, 「명도전에

대한 중국학계 연구 논문 하나」, 다음 블로그 〈品石齋〉(http://blog.daum.
net/gusan0579) 재인용).
하림의(何琳儀), 『전국고문자전(戰國古文字典)』 上, 中華書局, 2004.
화광보(華光普), 『중국고전대집(中國古錢大集)』, 호남인민(湖南人民), 2005.
앨버틴 가우어, 강동일 옮김, 『문자의 역사』, 새날, 1995.

|인터넷 사이트|
〈고천원지(古泉园地)〉, http://www.chcoin.com, 명도전을 비롯한 각종 화폐사진
이 올라와 있는 곳.
〈Chinese Etymology〉, http://www.internationalscientific.org/CharacterASP/Charact
erEtymology.aspx?characterInput=%E9%A9%AC&submitButton1=Etymology,
은 갑골문부터 한자 성립까지의 변천사를 알 수 있는 곳.
야후 블로그 〈천산역사연구원〉, http://kr.blog.yahoo.com/sppopsj/folder/303660
5.html, 우리 역사를 통시적인 시각으로 살피고 있는 곳.
〈Omniglot-the guide to languages, alphabets and other writing systems〉, http://www.
omniglot.com/writing/brahmi.htm, 전 세계 문자가 정리되어 있는 곳.
〈소리이론〉, http://cafe.daum.net/who.am.i, 한글이 상형문자라는 학설을 설명한
신민수 씨의 daum 카페

저자 허대동

경남 합천이 고향이며 진주고등학교를 졸업하고 부산대학교에서 독어교육을 전공하고 영어교육을 부전공하였다. 경남 양산 여자중학교와 양산여고(당시 양산여상)에서 19년을 근무하였다. 명도전 문자를 2년 동안 연구하여 고조선 상형한글임을 밝힌 세계 최초의 학자이다. 저서로는 『사상의학: 아들이 묻고 아버지가 답한』(1993, 편저), 『대나무 구멍으로 하늘 보기』(1993), 『황제내경소문대요』(1999)가 있다.

감수 이민화

한국 벤처기업 효시인 (주)메디슨을 설립하였고 1995년 벤처협회를 설립해서 초대 회장을 지냈다. 전 국무총리 위촉 기업호민관이었다. 현재 벤처기업 명예회장이고, 카이스트 교수이며, (사)유라시안 네트워크 이사장으로서 유라시안 교류와 한국의 미래 발전 전략에 노력을 기울이고 있다. 최근에는 고조선, 몽골, 만주 영역의 인문학에 관심을 기울여 청과 조선의 관계 연구, 몽골 문화 연구, 한국어와 유라시안 제 언어 연구를 지원하고 있다.

검증 조홍근

서울대학교에서 섬유공학을 전공하고 법학을 부전공하였다. 2000~2002년 대검찰청 중앙수사부 과학수사운영과 심리분석실(거짓말탐지기) 실장을 역임하였고, 현 법무사이다. 25년 이상 족보와 한중일의 역사를 연구해 오면서, 『부도지』, 『한단고기』, 『단기고사』 등 귀중한 역사자료를 통하여, 우리역사 1만 년을 넘어 마고시대를 포함한 7만 년 역사를 밝히기 위한 연구 중이다. 현재 천산(天山) 역사연구원을 운영하고 트위터 역사당 부당주이다.